JN224429

多機関協働がうごき出す

全方位型アセスメントを使った
困難事例の解きほぐし方

伊藤健次　土屋幸己　竹端寛

現代書館

はじめに
──重層的支援体制整備事業が始まった今こそ、全方位型アセスメントが必要

　今、介護支援専門員や相談支援専門員、医療ソーシャルワーカー（MSW）や精神保健福祉士、あるいは福祉職公務員といった相談援助職は様々な問題に直面している。介護支援専門員や相談支援専門員、福祉職公務員であれば、たとえば家族機能や地域の支える力（ある種の「世話焼き」や「おせっかい」）が衰退してしまったことのあおりを受け、本来の仕事の範囲がわからなくなりながらも表面に見えている困りごとに対応すべく、サービスのマネジメントに終始してしまっている。MSWや精神保健福祉士であれば、たとえば効率的なベッドコントロールのための退院調整を要求され、患者と所属組織の板挟みになってしまっている。

　こうした「便利ななんでも屋」的な扱いや、組織の利益を優先しなければならない状況を乗り越えて相談援助職としての信頼を勝ち取るためには、相談援助職が対象者（本人やその家族）からじっくり話を聞き、ニーズを受け取ること、たしかな実践技術を身につけることが必要だと筆者たちは考えている。

　そうした課題意識のもと、筆者たちは実践で不可欠なアセスメント技術や支援を「全方位型アセスメント・全方位型支援」と名づけ、2021年に前著である『「困難事例」を解きほぐす──多職種・多機関の連携に向けた全方位型アセスメント』（現代書館）において示した。

　全方位型アセスメントとは、ともすれば専門職の客観性に押し流されて忘れられがちな当事者の主観的なニーズを重視し、両者をすり合わせたうえで合意できるニーズを共同作業で描き出していくプロセスである。それを土台とした全方位型支援は当事者と専門職が合意したニーズを糸口として、専門職が危惧する問題と当事者にとって切実な重要性をもったニーズの両方に届く支援である。おかげさまで、前著は幸いにも多くの方に手にとっていただくことができ

た。

　前著の刊行と時を同じくして、社会福祉法改正により令和3（2021）年度から重層的支援体制整備事業がスタートし、断らない相談支援をおこなうこととなった。その中心に位置づけられたのが多機関協働事業であり、中でも複合多問題事例をひも解き、問題・課題を明確化し、その課題の根拠に基づいた役割分担を決め、支援プランを作成するのが、重層的支援会議と呼ばれるものである。

　重層的支援会議は、多機関が協働することが目的なのではなく、協働しながら課題を解決することこそが目的となっている。とはいえ、今までもいろいろな機関が集まり事例検討会をおこなってきたが、その事例に関して中立な立場で問題を分析し、対応すべき課題と支援機関の役割を明確にしたうえで支援プランを立てて実行するという対応ができておらず、支援の進捗管理をすべき部署の明確化もされていなかった。そして、これらのことは重層的支援会議で乗り越えるべき、最大の壁として立ちはだかっている。

　そこで、本書では、全方位型アセスメントと全方位型支援をベースとしておこなう事例検討の進め方について、詳細に記すこととした。全方位型アセスメントを用いた事例検討の特徴としては、従前の事例検討会のように事例検討会そのものを目的としていないことが挙げられる。あくまで、本人やその環境の抱えている問題・課題を解決することが目的であり、そのために多機関・多職種が協働し、役割分担しながら連携して支援をおこなえる環境をつくり出すことにある。

　また、全方位型アセスメントで事例検討を進めるためには進行者（コーディネーター）が必須となるが、現在は各機関や専門職が合意形成を図るために意見を出し合える環境をつくり、合意形成を図れるような会議をファシリテートできる技術をもった人材の育成が急務となっている。そこで、本書では会議運営におけるコツや勘所も紹介している（1章・2章）。

　この手法による事例検討をおこなっている自治体では、多機関・多職種の専門性の違いによりアセスメントに幅が生まれ、事例における問題・課題の見立てや具体的方法のアイデアにも幅ができ、事例対応の困難性が減少し、「塩漬

け事例」がうごき出すようになった。さらに、その地域の課題が明確化された後には、重層的支援体制整備事業で新たに設置されたアウトリーチ事業や参加支援事業につなぐことにより、従前の支援では不十分であった本人のニーズに合った個別の支援プランを作成できるようになり、合わせてその受け皿となる社会資源の開発にも発展している。

このように、事例検討において全方位型アセスメントを活用し、多機関協働することは、いつしか地域全体をも変える潜在能力をもっているといえる。そこで、本書のタイトルを、『多機関協働がうごき出す——全方位型アセスメントを使った困難事例の解きほぐし方』とした。

以下に本章の見取り図を示す。

1章では、前半で事例検討会を進行する際の準備から実施までの流れを詳細に説明した。ここを読めば事例検討の準備からモニタリングまでの具体的実施手順が理解できるはずである。特に進行役を担う人／担えるようになりたい人は2章の模擬事例検討会を読む際にも適宜参照してほしい。後半は事例検討をおこなう際に必要となる「全方位型アセスメント」の概略を説明する。この内容は前著『「困難事例」を解きほぐす——多職種・多機関の連携に向けた全方位型アセスメント』（現代書館）からの引用でもあるため、全方位型アセスメントについてもっと深めたい場合は、前著も併せて参照してほしい。

2章では、全方位型アセスメント・支援を活用した事例検討会を読者にイメージしてもらうために、模擬事例検討会を誌上で再現した。さらに、将棋の大盤解説のように、その時々の要点（ポイント）を脚注で解説しているので、なぜこの質問がなされたのか、それによってどのような効果が生じたのか、といった重要ポイントが理解できるだろう。事例検討をより効果的に進行するファシリテーションのポイントについても詳しく説明しているので、参加するだけでは今一つわからなかった質問の意図や、進行役への苦手意識やつまずきを解消する材料が豊富に得られるはずである。

3章と4章は、竹端が聞き手となって土屋の経験を引き出す対談形式となっている。3章では、重層的支援体制整備事業の実施において全方位型アセスメントがどのように役立つのか、実際に導入している自治体の例を用いて提示し

ている。土屋が全方位型アセスメントの手法を用いて重層的支援体制の構築を展開している事例に基づき、「押しつけ合い」や「担当者のつるし上げ」をどう乗り越えることができたのか、いかにしてセクショナリズムの壁を越えられるのか、それらを通じて重層的支援体制整備をどう実現していけるか、を解説している。

4章では、全国初のジャンルを問わないワンステップの総合相談体制と地域包括ケアシステムをつくった富士宮市の地域包括支援センターの初代センター長でもあった土屋による、相談支援のこの20年の総括的な振り返りである。重層的支援体制整備は、どのような文脈に基づいて構築されてきたのか。「断らない総合相談」という前代未聞の自治体レベルの制度化が、どのような変遷を経て、国レベルの制度に高められたのか。これらのことを理解しておくと、重層的支援体制の整備や構築において、外せない・ぶれてはいけない軸とは何かが見えてくる。

5章では、全方位型アセスメントを展開する以前に、まずは支援者が自身の「強み」や「問題」に気づくプロセス（＝支援者自身へのアセスメント）が必要不可欠であることを提唱している。自身自身を見つめ、内在する価値観に気づかなければ、無自覚に支援対象者にそれを投影し、抑圧する行為にもなりかねない。特に支援者にとって苦手な対象者や、支援者にとって「困難」に感じる事例対象者の場合、支援者の無意識・無自覚な恐れや不安が相手に投影され、対象者と支援者である私の「関係性」の中での悪循環が増幅する。そのメカニズムを解析しながら、ではどうすれば関係性の悪循環から逃れられるか、を考察している。

またコラムとして、精神科医の高木俊介さん、総合診療医の守本陽一さん、弁護士の青木志帆さんにも寄稿いただいた。弁護士や医師との連携にまつわる苦手感を乗り越え、弁護士や医師をどう「使い倒す」か。また苦手意識のある人が多い精神医療にどのように向き合えばよいのかを、それぞれの立ち位置からわかりやすく解説いただいている。

本書の想定読者は、支援現場で多機関協働に模索している支援者、および重層的支援体制整備や総合相談体制をどのように構築してよいか悩んでいる自治

体行政担当者である。唯一の「正解」がなくてモヤモヤしている現実に対して、その現場の様々なアクターたちと連携して、次の一手をどのように模索できるか。そのプロセスを通じて、いかに「成功する解決策としての「成解」」を立ち上げていくか、日々悩んでいるかもしれない。

　本書を活用することで、地域ケア会議や重層的支援会議が、困難事例を解きほぐし、多機関協働で成果を上げていくための場になる。従来の事例検討会議につきまといがちな、「やらされる／責められるからやりたくない事例検討」などしても無駄である。そんなとき、解決困難に感じられた事例に関して、多様な視点に基づいて具体的な解決策を検討し、その進捗状況まで管理する全方位型アセスメントの実践を通じることで、援助者自身の成長とよりよい支援の実現につなげることができる。そんな、「やってよかった／自分ごととしての事例検討」の具体的な方法論が、本書では示されている。

　本書は、支援者自身の成長課題、具体的な多職種協働の方策、それを実現するための重層的支援会議の組立のあり方、というミクロ・メゾ・マクロを縦横無尽に論じている。この領域に関心のある多くの方々にとって、よりよい支援につながる「道しるべ」としてご活用いただければ、幸いである。

◆担当章
　1、2章：伊藤健次
　3、4章：土屋幸己
　　　5章：竹端　寛

多機関協働がうごき出す ＊目次

1章　解説編

全方位型アセスメント・支援を活用した事例検討会の進め方

1 事例検討会の進め方

本章の前半では、事例検討会を進行する際の準備から実施までの流れを解説する。事例検討に参加する人のうち、特に進行役を担う人／担えるようになりたい人に必要な内容を記す。2章の盤面解説を読む際にも適宜参照してほしい。後半は事例検討をおこなう際に必要となる「全方位型アセスメント」の概略を説明する。この内容は前著『「困難事例」を解きほぐす──多職種・多機関の連携に向けた全方位型アセスメント』（現代書館）からの引用でもあるため、全方位型アセスメントについてもっと深めたい場合は、前著も併せて参照してほしい。

事例検討会を実施するための手順を図1-1に示した。事例検討は大きく準備、実施、モニタリングで構成される。

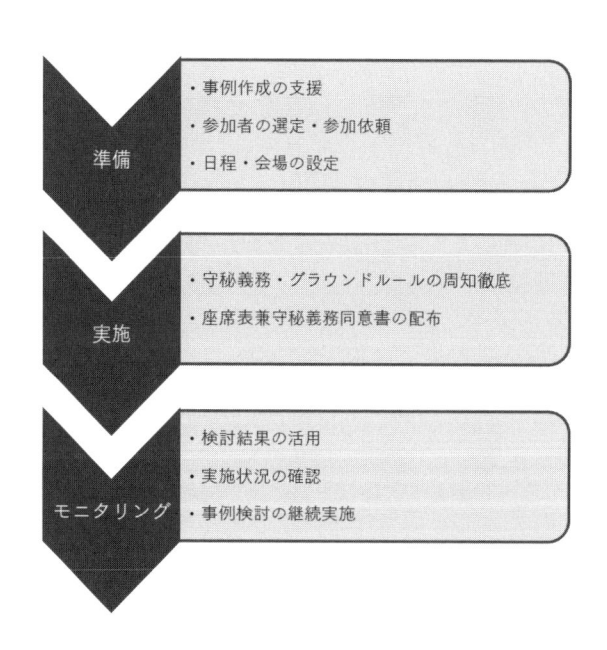

図1-1　準備からモニタリングまで

表1　事例検討の種類

	個別的 具体的 短期的 → ミクロ		メゾ	普遍的 抽象的 長期的 マクロ
事例の扱い方	事例検討 個別事例を掘り下げ実践に活かす		検討・研究の両方の要素がまじる 複合的で困難な課題を解決するために多機関・多職種が連携して事例を掘り下げる	事例研究 複数事例から法則性を導く
分類	ケースカンファレンス サービス担当者会議	ケアマネジメント支援 個別ケア会議	スーパービジョン 重層的支援会議	メゾレベルの地域ケア会議	マクロレベルの地域ケア会議 地域ケア推進会議
目的	利用者・家族支援	困難状況の解決 事例提供者の支援	困難状況の解決 地域課題の抽出		地域課題の解決
焦点	利用者と援助方法 利用者・家族の課題 個別化 具体化	事例提供者と援助実践 再アセスメント 問題の構造と中核の読み解き 事例提供者の抱える課題 事例提供者の実践力向上	地域全体での対応と役割分担 深刻度・難易度の高い課題への対応 出現頻度の高い問題の構造への対応とシステム化		支援体制の構築 支援体制の施策化 普遍化 普及
参加者	支援に直接かかわる当事者（本人・家族・地域住民・援助関係者）	CM・SW などの専門職（リハ・法律等の分野含む）・包括・社協・行政・病院などの援助に直接関係する機関の構成員	援助に直接関係する機関、解決への知見をもった多職種・多機関、分野横断的なその地域の精鋭チーム		直接的・間接的に影響をうける利害関係者 各組織の決定権のある代表者
内容	・情報収集 ・よりよい援助方法の検討・検証・決定 具体的役割分担の決定 ・PDCA サイクル展開	・提供者にとっての困難事例の対応検討 ・再アセスメント ・利用者理解の深化 ・提供者の気づき ・問題の構造を把握することによる解きほぐし ・当事者のニーズ把握 ・課題の明確化	・真の困難事例（複数の分野・組織・制度をまたぐ多問題状況）への対応を検討 ・個々の援助者の奮闘では解決し得ない多問題状況への対応 ・支援ネットワークの構築 ・地域資源開発		・地域課題解決のための体制・仕組み・制度作り ・優先順位づけ ・分類・分析・整理 ・言語化（名づけ） ・書式化・データ化 ・政策化に向けた提言 ・制度の普及
ゴール	行動レベルでの援助方法の設定 問題と課題の解決・自立	事例提供者にとっての課題解決 援助スキル・課題解決能力の向上 当事者への深い理解 地域課題のタネの発見	地域全体での対応力向上 対応のシステム化 深刻度・難易度の高い課題の解決 量的な側面も加えた地域課題の抽出		地域課題を解決する支援体制の構築 しくみ・制度の完成

（1）「事例検討」で何をおこなうか

　事例を用いておこなう行為には、実は様々な種類がある。事例を用いておこなわれる様々な検討を分類し図表化したのが表1である。

　実際にはあまり区別せずにひとくくりに「事例検討」とされることが多いが、本来はそれぞれの目的や焦点化すべき点、事例の扱い方によって区別されている。そのため、同じ会議で目的の異なる事例検討を同時に扱わないほうが無難である。たとえば、個別事例を深めて支援方法を具体的に検討することと、地域課題を抽出することは、その目的、事例の扱い方や検討内容が大きく異なる。基本的には同じ1回の検討・会議の場では扱うことを避ける。ゴールが異なることを1回の事例検討会で扱わなければならない場合は、まずは緊急性・即応性が重視される個別事例の掘り下げをおこない、達成したら明確に区切りをつけたうえで、他の事例等から得られている要素を加味して地域課題を抽出するなどのやり方が考えられる。

　実際にはそれぞれの分類の境目はくっきりと区別できずにグラデーションになっているが、だからこそ、その会議において何が目的となるのかを明確にすることが重要である。

ケースカンファレンス

　ミクロの領域において、ある程度のアセスメントがすでにおこなわれていて、具体的な対応方法を決定していく必要がある場合に該当する。今ここで生じていることを支えるための最も個別的で具体的な内容の検討をおこない、利用者や家族支援が目的となる。サービス担当者会議が代表的である。

ケアマネジメント支援

　ミクロとメゾにまたがる領域において、困難状況の解決を目的におこなわれる。ケースカンファレンスの要素に加えて事例提供者とその援助実践に焦点があたる。困難状況を解明し解決につなげるために、全方位型のアセスメントに基づいて問題の構造*を読み解いていく支援をおこなう。

スーパービジョンと重層的支援会議

　複合的で困難な課題を解決するために多機関・多職種が連携して事例を掘り下げる必要があるスーパービジョンと重層的支援会議は、事例検討と事例研究の要素を織り交ぜる必要が生じる。

　対応の検討よりも、事例提供者の実践力向上といった課題の達成を支援することや、事例提供者の困難状況に対処する力を向上させることを目的とする場合には、スーパービジョンの要素を加えることになる。ケースカンファレンスよりもアセスメントの精度を高め、より深く個別事例を掘り下げることや、解決のために地域の資源を活用する視点が必要になる。その結果として臨床像の解像度が上がっていけば、よりよい対応方法が見えてくることも多い。

　緊急性や困難性があり、一援助者、一事業所の努力や奮闘では対応しきれない困難状況の解決が求められるのが重層的支援会議である。複合的で困難な課題の背景には、複数の制度にまたがって多機関多職種が連携することが必須の状況が想定され、それらはそもそも一個人の力、一組織の力ではカバーできない。

　解決困難な状況の例として、家族内に援助を必要とする人が複数いて、背景に生・病・老・死がかかわる複数の事情や障害があるようなケースがある。援助を必要とする人が他の家族を支えていたり、家族の環境から特定の一人だけを切り離して要援助者として対応すると、その人が支えていた家族の生活が崩壊する、などの入り組んだ事象がある。このようなケースの場合、援助担当者は家全体の事象を俯瞰し、その入り組んだ状態を解きほぐしていく必要がある。自分の援助対象者以外の支援も想像して対処しないと、どうにか保たれていた家庭内バランスが、援助が原因で崩壊することさえあり得る。

　とはいえ、子どもから高齢者まで、生活困窮・虐待・疾患や障害など家庭内

＊　問題の構造とは、①問題の特徴、②問題決定要因、③問題の歴史、④問題の影響、の四つの要素とそれらの相互作用から成り立ち、何が、誰にとってどう問題で、その問題はいつどのように始まり、どのような経過を経て今援助者が見ている問題となっていったのか、その問題はどのような影響を与えているのかを言語化することである。詳しくは『「困難事例」を解きほぐす』40～43頁の記述と41頁「図2-1 問題の構造」を参照のこと。

で生じるあらゆる問題や困難に精通した援助者などいるはずもなく、一人です べてに適切に対処するのは物理的に不可能である。さらに、あちら立てればこ ちら立たず、という状況下では、利益相反が容易に生じてしまう。このため、 たとえば介護保険を利用する夫婦を一人の介護支援専門員が担当することはま まあるが、利益相反が想定される状況においては担当者を分ける必要が生じる こともある。

　このように、支援困難事例をサポートするために地域の専門家が集まり検討 する場として地域ケア会議や重層的支援会議があるが、状況全体を俯瞰して問 題の構造を読み解く全方位型のアセスメントがおこなわれなければ、それぞれ の領域のプロがその力を活かすことは難しい。

メゾレベルの地域ケア会議

　困難状況の解決が目的で、なおかつ地域全体での対応が必要とされるより深 刻度・難易度の高い課題への対応が求められる場合におこなわれる。個々の援 助者の努力だけでは解決し難い困難事例を解きほぐして、出現頻度の高い問題 の構造を見つけ出し、地域課題として抽出していく場となる。多くの市町村で、 「個別のケア会議はなんとかおこなうことができているが、地域課題が見出せ ない」という声を聴くが、その原因には個別の課題を蓄積し、共通する問題の 構造を見つけ出す視点がないか、それに必要な水準の全方位型アセスメントが おこなえていないことがある。そういう場合には、対応方法を検討する会議と 地域課題を抽出する会議を分けて、地域課題の抽出に限定した場を設定するほ うがよい。対応の決定には個別的・具体的な視点が重要であるが、地域課題を 見出す場合は普遍化・抽象化する視点が必要となるためである。

マクロレベルの地域ケア会議

　個別の事例の解決ではなく、地域課題を解決することが目的であり、そのた めの支援体制の構築や施策化が焦点となる。ここでは個々の事例の中身ではな く、ミクロ・メゾのレベルの会議において蓄積され、データ化された内容を取 り扱う。ミクロレベルの短期的な「いま・ここ」への対処ではなく、地域課題 の解決や、予測される事態への予防的対応に長期的に取り組んでいく。

事例検討と事例研究の違い

　事例検討は個別事例を掘り下げ実践に活かすことを意図するのに対して、事例研究は複数事例から法則性を導くことを意図する。前者のほうがより個別的・具体的であり、後者は普遍的・抽象的となる。その特徴を意識して、当該会議では何を目的としておこなうのかを明確にして実施する。

（2）準備

　まず、事例検討会に先立って、必要な準備をおこなう。日程と会場の設定、事例作成の支援、参加者の選定と参加依頼などをおこなう。

事例作成の支援

　①事例とは：ここでいう事例とはケースそのものだけでなく、そのケースを所定の書式等に沿って記述した内容のことを指す。一定水準の実践力を有し、事例検討に習熟したメンバーであれば資料は用意せず、ホワイトボード等に概要やジェノグラム・エコマップをその場で書き、必要な情報については口頭で補足しながら、さらにホワイトボードに書き足す形でも実施可能である。これであれば事前の準備をほとんど必要としないため、非常に効率的ではある。しかし基本的には、事前に書式にまとめ、参加者に配布するほうが検討に必要な情報を網羅できるため、やりやすい。

　事例の質は、事例検討の質に直結する。よい検討にはよい事例が必須である。では、「よい事例」とはいったいどういうものであろうか。事例を検討するには、援助対象者（基本的には本人、支援に大きくかかわる場合はその家族も含む）を理解するために一定の質と量の情報が求められる。それらが過不足なく記載されていることが、よい事例の条件となる。

　質とは、記載内容が事実に基づいたものであること、援助職の推測に対して、その根拠が提示されていることである。それによって、事例検討会の場で情報の真偽を一つひとつふるいに掛ける必要がなくなる。言い換えれば、情報の正確性である。

量については、資料に記載する内容を吟味し、だらだらと書かずに端的に要約することや、小見出しをつけて整理するなどの工夫が必要になる。多すぎる情報はノイズとなり、必要な情報が埋もれてしまうからである。

　一方で全方位型アセスメントをおこなう（臨床像を描き、本人の主観的なニーズを描く）には、過去と現在をつなぐだけの情報量も必要である。事例提供者の役割とは、書式を使う・使わないにかかわらず、自分が把握している臨床像と、その根拠となる意味づけした情報を提示することである。

　②事例とアセスメント力：事例には、提供者が日ごろどんなアセスメントをしているかがそのまま表れる。つまり、提供者の力量と置かれている状況が反映される。書式に落とし込まれた事例の場合は、記載のされ方からもそれを確認することができる。たとえば、経験が浅い場合や実践力が不足している場合は必要な情報が欠けていて、さらに情報の取捨選択ができずに冗長になりがちであるし、実践力がある場合でも混乱のさなかにいると事例を整理しきれず、混沌とした記述になる。であるからこそ、事例検討はスーパービジョンにもなり得るし、事例作成を支援することそのものにも大きな意義がでてくる。

　事例を作成していくプロセスから事例提供者の内省が始まり、必要な情報を取得できていないことや、情報を得ていてもその意味づけが不十分であることに自ら気づいていくことで、アセスメント力が鍛えられていく。対人援助職にとって、事例を書くことによる内省は本来必要不可欠であるが、なかなかおこなえていない現状がある。

　③事例作成をサポートすることの意味：ケースを事例検討の目的に沿って適切にまとめることを、「事例作成」と呼ぶ。事例作成において、スーパービジョンを重視する場合は事例提供者の問題意識や援助者としての課題を表出することが重要であり、重層的支援会議の場合は一丸となって多機関協働をするために、錯綜した情報を整理し意味づけをおこないそれを参加者と共有することや、当事者が何に困っていて何が解決に必要な要素なのかを可視化することが重要になる。そのため、事例検討の目的や意図によって事例に記載すべき内容は変化する。また、事例の書式には様々なものが用いられている。

提供者が事例を書くことに慣れていない、苦戦しているなどの場合には、作成の段階からサポートが必要になる。書く側、サポートする側双方にとって時間と労力が必要な行為であるが、しっかりとした事例を書き上げる過程で、再アセスメントとそれを通じた内省がおこなわれ、成長の糧となる。

　事例を書くという行為は自分の頭の中にある対象者理解を一度外部化して言語化し、言語化することで再度自分に取り込む行為であるため、事例を書く前と後では、事例提供者が脳裏に描く事例の解像度に、大きな違いがあるはずである。事例提供者にとっては事例作成が最初のハードルであり、成長促進の材料でもあるので、事例を作成するプロセスを重視し、事例提供者の成長を最大限支える必要がある。事例作成をサポートすることは事例提供者のアセスメントに伴走し気づきを与えることにつながり、相談援助職が効果的なトレーニングをつむことを助ける。

　事例検討の回数を重ねても今一つ成果が得られない、深まった感じがしない場合には、事例検討そのもののやり方だけでなく、事例作成の段階に目を向けることをお勧めする。アセスメントの水準が低いまま事例検討を重ねても、具体的な解決にはなかなか至らず、成長にもつながらない。事例の質と検討の質が連動することを強く認識し、事例の質を向上させることに注力する必要がある。また、きちんと事例を書き上げていくプロセスを、地域の対人援助職のアセスメント力向上の場として活かすべきである。事例検討は、その準備から検討の結果を通じて対人援助職の援助を底上げする効果をもっており、これを活用しない手はない。

　このように、真剣に事例を作成するには大きな労力が必要である。だからこそ、参加者や特に進行役は最大限のリスペクトとねぎらいを事例提供者に示すべきであり、そのことは事例検討会の場の心理的安全を高めることにもつながる。

　事例作成の段階では「よい援助者として認められたい欲求」や「できていない自分を隠したい心理」が発動しやすい。これらは無意識下で作動することが多く、事例作成に際して予断や裏づけのない推測の記載をしてしまいがちである。「よい事例」とは過程や結果がよいものを指すのではなく、前述のように正確な（ある意味正直な）情報が吟味されたものであり、どんな事例内容であっ

たとしても事例提供者を責めないことと、「よい事例」あってこその事例検討であることを事前に共有したうえで事例作成をサポートし、事例提供者の心理的な安全を確保すべきである。また、事例検討の場面においても心理的安全が確保された状況でなければ活発な議論は望めない。こうした場の空気を意識して進行することも重要になる。

個人情報保護との兼ね合い

一般に、固有名詞や生年月日、個人識別符号などの個人の特定につながる情報を排除すれば、事例検討は個人情報の漏洩には当たらないとされる。事例作成にあたっては以下に示す内容に留意しておこなう。

①登場人物の特定ができるような記述は避ける

・氏名・地名・病院名・施設名・職員名などの固有名詞を用いない

・本人が特定されないようにランダムイニシャルを用いてアルファベット大文字1文字で記号化する（例：伊藤をIさんとせずにAさんとする）

・地域性への配慮、職種間連携等でどうしても固有名詞化が必要な場合は事例文にはランダムイニシャルで記述し、事例検討中に口頭で補足する（例：病院との連携が必要なため、○○市立病院とせずにB病院と事例では記述するが口頭で情報を加えて、連携に関する検討をおこなう）

・イニシャルは重ならないように割り当てる

②生活歴に関連する情報の取り扱いに注意する

・生年月日は記載せず、西暦年・年齢のみを記載する（生年月日以外の経過記録の記載においても、事例内での年数表示については、年号だと時系列換算が難しくなるため、西暦で統一することが望ましい）

・疾患名などは支援に大きくかかわるので、原則診断名をそのまま用いる（希少疾患など病名だけで本人が特定される可能性がある場合は、事例文中には直接記載せず事例検討中に診断名を口頭で補足し、守秘義務を確認する）（本文中の記載例：「病気を発症し早期退職する」「持病の悪化のため独居生活が困難になる」）

・出身地、職歴、勤務地、信仰、家族関係など、価値基準・判断基準などの形成にかかわる情報の取り扱いについては、疾患名などと同様に支援のポイントになり得るので、守秘義務を強調したうえで口頭で伝達する

③本人または代理人の同意について

・個人情報の保護に関する法律では特定の個人が識別されなければ個人情報とはみなされないため、その点に留意して事例を作成すれば漏洩には当たらない。しかし、原則的には対象となる個人またはその代理人に対し、事例検討の目的・意義、用いる個人情報の内容を説明したうえで同意を得ることが望ましい。重層的支援体制整備事業における支援会議や介護保険法における地域ケア会議においては、構成員間で本人の同意なく必要な情報を共有できることを制度上可能とし、必要な支援に円滑につなげていくことを目的とした条文を設けている。

*参考1：個人情報の保護に関する法律（一部抜粋）

・第2条（定義）

この法律において「個人情報」とは、生存する個人に関する情報であって、次の各号のいずれかに該当するものをいう。

一　当該情報に含まれる氏名、生年月日その他の記述等に記載され、若しくは記録され、又は音声、動作その他の方法を用いて表された一切の事項により特定の個人を識別することができるもの（他の情報と容易に照合することができ、それにより特定の個人を識別することができることとなるものを含む。）

二　個人識別符号が含まれるもの

・第27条（第三者提供制限の制限）

一　法令に基づく場合

二　人の生命、身体又は財産の保護のために必要がある場合であって、本人の同意を得ることが困難であるとき

三　公衆衛生の向上又は児童の健全な育成の推進のために特に必要がある場合であって、本人の同意を得ることが困難であるとき

*参考2：介護保険法（一部抜粋）

・第115条の48 第3項〜5項

3　会議は、前項の検討をおこなうため必要があると認めるときは、関

係者等に対し、資料又は情報の提供、意見の開陳その他必要な協力を求めることができる。

4　関係者等は、前項の規定に基づき、会議から資料又は情報の提供、意見の開陳その他必要な協力の求めがあった場合には、これに協力するよう努めなければならない。

5　会議の事務に従事する者又は従事していた者は、正当な理由がなく、会議の事務に関して知り得た秘密を漏らしてはならない。

　一方で、地域ケア会議などでは、個人情報を完全に排除してしまうと個別性や地域性を踏まえた具体的な支援方法を検討できなくなるケースも想定される。そのため、介護保険法第115条において地域ケア会議の関係者に守秘義務が課せられ、本人の同意がなくとも必要な情報共有が制度上可能となっている。契約時に支援上必要な場合を想定した包括的な同意を得ておく、地域ケア会議等で利用する際に可能な限り本人や家族の同意を得る、法令等で守秘義務が課せられていないものが出席する場合は誓約書に記名する、毎回の会議の冒頭でグランドルールの一つとして守秘義務を確認する、などの工夫を地域ケア会議の例に準じておこなうとよい。

参加者の選定と問題の中核

　事例検討の内容によっては、専門的知見が必要になる場合がある。たとえばガン末期の強い痛みがその人らしさの発揮を妨げ、願う方向に進めない場合、痛みのコントロールという課題を解決しないと先に進めない。終末期をめぐる様々な問題が次々と押し寄せる状況では、当事者を支援する援助者側にも強い負荷がかかることになる。

　そういったときに問題の構造が見えず、先に進むために解決すべき中心的な問題や本人にとって主観的に最も切実な問題の中核を見落としてしまうと、問題に振り回されて本人の意向を無視した支援に陥る恐れがある。問題が様々あるなかでも、その人の本来の強さを奪ってしまう痛みが問題の中核なのではないかとの仮説が立てば、緩和ケア医、がん性疼痛看護認定看護師、緩和ケアの経験のある医療職等に検討に加わってもらい、痛みをコントロールしながら暮

らせる体制を具体的に検討できる。逆にガン末期の痛みについて専門的な知見がないものだけで検討をおこなっても、問題の中核に踏み込めないまま終了してしまう恐れが強い。こうした的を外した検討やそれに基づく対応は、根本的な解決につながらず当事者はいら立ち、援助関係者は「振り回されて」疲弊する。

　解決策や対応方法を検討することを重視する事例検討の場合、主催する立場の人はできるかぎり事前に大まかな事例の概要を把握し、問題・課題・問題の中核に対し仮説を立て、必要性が高いと判断した場合にはそれらを解決できる力量をもった専門職か、そうした専門職と連携した経験のある関係者に出席を依頼する必要がある。そうすることで、解決のための地域のネットワーク構築にもつながっていく。事例提供者だけでなく参加者にとっても、事例を通じて未経験の出来事への対応を学べるメリットがある。

　しかし事前に問題・課題の絞り込みをおこない、問題の中核を見立てることが難しいこともあるであろう。その場合には一度の検討ですべてをおこなおうとするのではなく、再アセスメントや問題・課題の明確化、問題の中核の言語化までをじっくりとおこない、具体的対応の検討のために再度検討の場を設定することである。2回も同じ事例を検討するなんて、そんな時間はとてもない……という声が聞こえてきそうだが、積み残して未解決にするよりもよほど建設的で、長い目で見ればはるかに効率的である。しっかり検討することで得た対応方法は類似の事例に対しても機能するし、そうしてつくられていった支援や関係者のネットワークは一つの事例にとどまらずに地域の課題の解決にも必ず役立つはずである。

　問題を構造的に見て、その問題の中核を見抜くことができる人材は不足している。しかし、地域の事例を用いておこなわれる様々な検討の場を活用して、全方位型アセスメントをじっくりおこない、問題を当事者の主観的な側面からも捉え、問題の構造とその中核を言語化していくことを継続していけば、地域全体の援助力は向上していく。

会場の設定

　会場を選ぶ際には、個人情報保護の観点や検討に集中するためにも、会議室

等の区切れるスペースか、参加者以外が出入りすることがない時間帯を選ぶ必要がある。使用物品として欠かせないのは、ホワイトボードと濃くくっきりかけるマーカー（黒・赤・青の3色）である。マーカーがかすれていると、書きにくい・見えにくいなど大きなストレスになるので、参加前にチェックししっかり書けるものを用意する。

板書の意義

板書は可能な限りおこなうとよい。板書することで、事例概要をあらかじめ提示する、質疑や検討の経過を視覚化することができるので、できればホワイトボードを3台、用意できない場合は壁に貼る比較的安価なシートタイプのものでもあるほうが絶対によい。

ホワイトボードを3台使った活用例を図1-2で示す。記載方法については特に決まった形式があるわけではないが、下記のメリットを享受できるように工夫を凝らせばよい。全方位型事例検討でよく用いる板書の形式については、【前著166頁：図6-1、6-2 ホワイトボードによる情報の視覚化1・2】を参照のこと。

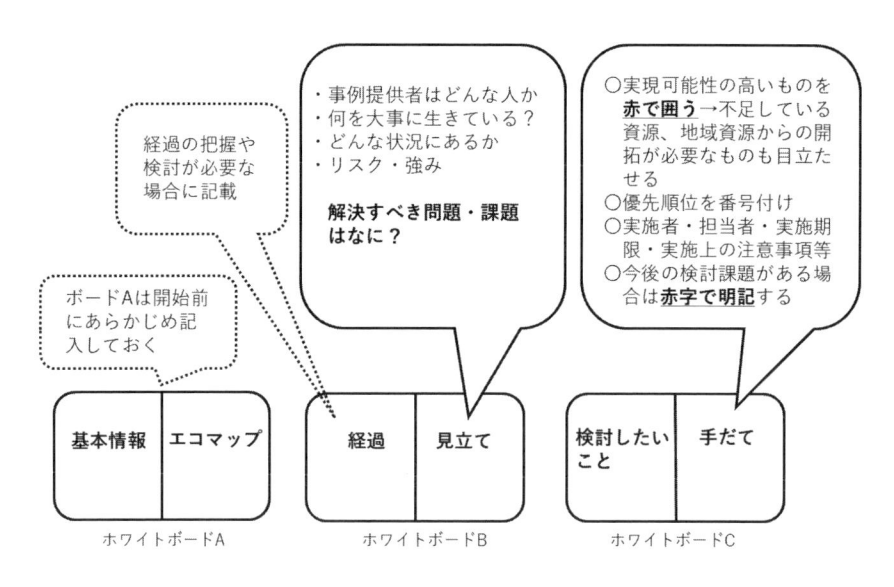

図 1-2　板書の活用例

板書のメリットは、検討の経過が可視化され共有されることである。今何について話しているのか、前後の脈絡も含めて視覚的に共有することで検討がずれていくことを防止できる。また、板書があることで参加者の視線がホワイトボードに向き、下を向くことが少なくなる。同じ方向を見て一緒に検討することで、当事者意識をもって参加することができるようになる。途中から参加する者がいても、板書があることによってどのような質疑があったのか流れに追いつくことができるし、検討終了時にはデジカメで撮影することで簡単に検討結果を保存することができる。

　板書係は検討の進行に耳を澄ませ、概要を要約して記述することを求められる。そのため、ほかの参加者よりも俯瞰的に全体を意識する必要があり、検討の流れを感じ取る練習になる。進行役として事例を切り盛りする際にも非常に重要な能力であるため、進行役を期待される人は積極的に引き受けるとよい。板書係は事例の進行に関与する立場であるが、進行の過程を冷静に客観的に捉えることができるため、質問が特定の方向に偏っていたり、ループしているような状態のときには発言を求め、記載した内容を示しながら軌道修正を図るなどの役割を果たすこともできる。

　板書係は慣れるまでは2人態勢をとるとよい。板書をしている間にも発言は進んでいくので1人は記述しもう1人がその間の検討内容を補足してフォローすればよい。

（3）実施：実際の進行

事例検討の流れ

　事例検討の一般的な流れを図1-3に示す。全方位型事例検討会の流れについては【前著155頁：表6-1　90分程度で完結する全方位型事例検討会の流れ】を参照してほしい。前述（11頁、表1）の「事例検討の種類」で示したように、一口に「事例検討」と言い慣わされていても、その目的や焦点は異なる。たとえばスーパービジョンを意図したものであれば、事例提供者が抱える援助上の課題が重要になり、事例の提示やそれに伴う事例提供者の内省のために時間を用いる。

進行役の果たす役割

　進行役には広い視野が必要になる。たとえば、参加者が「何か言いたそうにしている」などの気配を察知し発言を求めることで、その場にふさわしい事柄を話してもらうことができる。逆に、自説をとうとうと述べるような状況や、発言のタイミングによっては進行役が介入し、交通整理をおこなう必要が生じ

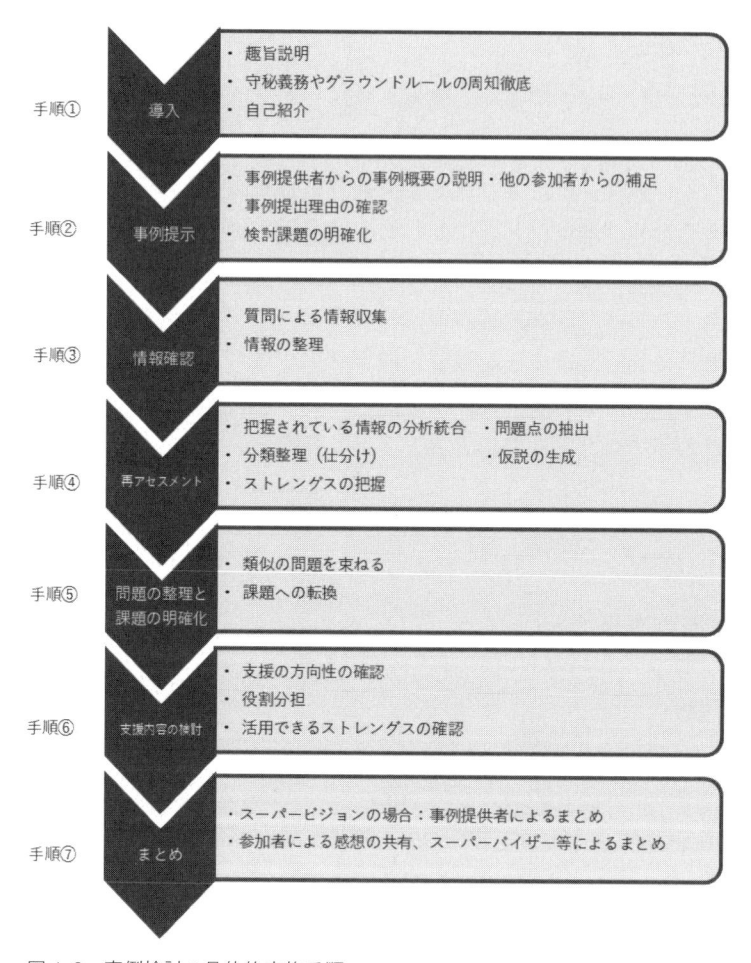

図 1-3　事例検討の具体的実施手順

ることもある。

　すべてを進行役が担う必要はなく、出席者が得意な事柄を活かしてもらえばよいし、参加メンバーの気配をキャッチできれば、多様な知見を活かすことができるようになる。また、「参加者の選定と問題の中核」（20頁）でも述べたように、事前に外せないポイントが把握できている場合は、その領域に力をもつ人を参加メンバーに加えるなどの事前調整も重要になる。たとえば2章の事例でいえば、障害領域の権利擁護に詳しい法律関係者、障害者虐待の対応をおこなっている関係者などが該当する。「そうした人はまわりにいない」などの状況もあり得るが、一緒に悩み一緒に解決を探る事例検討に参加してもらうことで、そうした存在を地域で育てていく、という人材育成面の意義と効果も全方位型アセスメントをベースにした事例検討にはある。

　かつて地域ケア会議が始まったころは、むやみに人を呼び集めた結果、発言の機会も参加する意味も見出せなかった専門職が以後出席してくれなくなる、などの事態が生じていた。出席を求める意図をしっかりと伝えて依頼をすることで、請われた側も自分が参加する意義を十分認識して出席してくれることになる。

（4）手順①導入：趣旨説明、守秘義務やグラウンドルールの周知徹底、自己紹介

主催者からの趣旨説明と守秘義務の確認

　事例検討会主催者から、事例検討会の趣旨と守秘義務の確認をする。守秘義務の同意書に関しては、出席者の肩書と職種を記した座席表と兼ねた書式を用意したうえで口頭による説明をおこなうと効率的である。座席表は発言者が誰であるか、どういう分野に強い人であるかなどをすぐに確認できる点でも便利である。

　守秘義務を説明したうえで参加者の同意を取る。録音録画をおこなう場合にはその旨も明言し、同意を得る必要がある。スーパービジョンの場合などは検討プロセスを文字化することで振り返りの際の有効な資料になるので、可能であるならば録音録画し活用することを考慮する。オンラインで実施する場合は、

音声を自動でテキスト化する機能が使えて非常に便利である。

グラウンドルールの説明

グラウンドルールとは事例検討が円滑に進み意義あるものとなるように、あらかじめ定めておくルールである。検討開始前に参加者全員で確認し、そのルールを守って事例検討をおこなう。

比較的よく用いられているグラウンドルールとして、日本看護協会の「実践力 Up 事例検討会」がある。ほとんどの事例検討に適用できる重要な内容が記されているので、これをベースに必要なものを加えるとよい。

- 事例はみんなで考え全員が発言する
- 誰かを責める会にしない
- 人の話はさえぎらない
- 事例提供者の支援内容を否定／批難しない
- ファシリテーターの指名には応える
- 事例提供者をねぎらう

  （公益社団法人日本看護協会『"実践力 Up 事例検討会"におけるアセスメントを深めるためのファシリテーターの手引き』21 頁より）

グラウンドルールはプリントアウトしたものを掲示して開始時に毎回読み上げて確認し、意識化を図るとよい。事例検討は事例提供者が出してよかったと思える必要があり、進行役はグラウンドルールを活用して検討の場の心理的安全を担保し、発言をしやすくするとともに、事例提供者のための検討の場になるように意図する必要がある。

自己紹介

自己紹介では所属、所属先での立場（相談員・管理職等）、氏名、基礎職種などを述べてもらう。職種によって得意不得意や視点の違いがあるので、進行役は把握しておき、得意分野での発言を求める際に活用する。また参加者も、発言者の基礎職種や経歴がわかることで発言そのものだけでなく、背景も含めて

理解する手掛かりが増える。所属先の職制や職位を知ることにより、所属組織での決定権限等の確認ができるため、検討内容の役割分担をおこなう際にも実効性の判断ができるようになる。

（5）手順②事例提示：事例概要の説明・補足、提出理由の確認、検討課題の明確化

事例概要の説明・補足

事例の概要に盛り込むべき内容：事例検討の目的によって力点の置き方は変わるが、主訴、現病歴（治療の経過や薬の種類・量）、成育歴、家族歴、ジェノグラム・エコマップ、提供者がつけた事例のタイトルなどが必要になる。事例書式にあらかじめこれらの内容を盛り込み、初めての人でも記載できるようにしておくとよい。

事例提供者以外にもこのケースに深くかかわっている参加者が出席している場合には必要に応じて過去の経緯などを補足してもらうとよい。

事例タイトル（テーマ）の確認：タイトルには事例提供者の問題意識や困っていること（テーマ）が端的に表されることが多い。一方で、「認知症高齢者への支援の在り方について」のように、抽象度が高い、主語が大きい、個別性がない表現をしている場合は、事例提供者が自らの事例の中身を整理しきれていない、課題を明確化できていない、などの状況にある。エッセンスを抽出して短くまとめる機会は意外にないため、事例検討はそれを磨くチャンスでもある。また、多機関協働するためには、「言い換えると」「一言で言うと」というように、相手が必要としている情報を選んで凝縮した表現にしないと伝わらないので、事例をまとめる際にも意識する必要がある。

タイトルの短い一文にも、事例提供者の置かれている状況を想像し、初期仮説を立てる際の大事な手掛かりがある。また、事例概要を説明してもらう前に事例のテーマを述べてもらうことにより、事例提供者がこの事例に関してどこに問題意識をもっているのかが関係者と共有される効果がある。

事例の大まかなあらすじの把握：参加者は事例提供者の説明を通して概要を把握するわけだが、「事前に資料を読んでくればこの時間は不要なのでは」という意見を耳にする。しかし、事例提供者が概要を短く的確にまとめて言葉として発することや、参加者が提供者の口から提示されることを、その表情やしぐさも含めて受け取ることには大きな意味がある。事例としてまとめた一字一句を朗読する必要はないが、少なくとも概略や提出理由については事例提供者が表出し、参加者がそれを真摯に受け取ることが重要になる。

　手順としては事例書式に沿って事例の概要や本人の状況等を説明してもらう。事例概要説明に関しては、Ａ４用紙で１〜２枚程度にまとめたものに適宜、事例や本人や家族の状況を理解するのに必要な情報を補足しながら説明をしてもらう。詳細な情報シートがあると、読むことに集中してしまったり事例に対する先入観が生じてしまったりするので、現状の概要のみを伝えるようにする。不足している情報に関しては、次の情報収集のセクションで質問してもらうようにする。

事例提出理由の確認

　事例概要の説明が終了した時点で、事例提出理由を説明してもらう。数ある経験事例からなぜこのケースを選んだのか、そこには事例提供者の問題意識や、現時点ではうまく言語化できなくても、何かしらの引っ掛かりがあるはずである。特にスーパービジョン重視の場合は参加者が「こんなのよくあるケースじゃないか」などと安易に事例をイメージしてしまうと、事例提供者の問題意識とずれが生じる。事例提供者がどんな思いで事例と向き合ってきたのか、何を意図してこの事例を提供してくれたのかを提出理由からくみ取っていく必要がある。

検討課題の明確化

　検討課題は事例提供者が何を解決したいかというポイントになるのでしっかり確認しておき、終了時に解決に至ったかを評価することが必要になる。スーパービジョン重視の場合はこの部分が曖昧だと検討が深まりにくいため、事例提供者の成長課題も考えつつ明確化をおこなうとよい。

（6）手順③情報確認：質問による情報収集

質問による情報収集

　心理的安全の確保：事例提供者にとって自分の実践を開示することは時としてしんどいことである。さらに、質問を受けることで「こんなことも把握していないのか」と突きつけられているような気分になる場合もある。たしかに必須の情報が洩れていたりすると、そのような空気になりやすいものである。進行役は提供者が置かれる状況を理解して最大限の配慮をおこなう必要がある。質問者は言葉を選び、質問の意図を明確にして、短く聞くように習慣づける。

　実は、この質問にさらされる状況は、援助において本人や家族が置かれる状況と酷似している。聞かれる側にとっては自分の至らなさを指摘されているように聞こえがちである。事例検討の場で配慮した問いかけを工夫することは、実践における面接の非常によい練習にもなる。事例検討でできないことは普段の実践においてもできないこと、なのである。

　質問による効果：質問は単に情報を得るためだけにおこなうのではなく、提供者が質問によって気づきを得られるという教育効果を意図することもある。質問者自身には見えている、当該事例をより理解するための手がかりや重要な転換点などを、あえて質問という形で投げかけることで、事例提供者や参加者の意識を事例のポイントに向けさせる効果もある。初学者がメンバーにいる場合、そうした質問のやり取りを聞いていることで、なぜその情報が必要なのか、その情報を得ることでどのような理解につながるか、その情報がないことによって何を見落としているのか、を学ぶことになる。このように事例検討における質問は非常に意図的な行為であり、意図した質問をするための思考をめぐらすことが重要なトレーニングになる。

　また、意図的な質問を常に意識することは、相談援助面接のスキルを高める非常によいトレーニングにもなる。質問の意図の明確化、問う言葉の選び方、問うタイミング、問いへの相手の反応の受け取り方、などを実践しつつ鍛えることができる非常に貴重な機会になる。相談援助面接のトレーニングをおこな

う機会は意外に少ない。学生時代にやって以降、自己流という人も多いであろうから、事例検討という専門職が集まる機会を活用し問う力を鍛えてほしい。

　質問の仕方：前述のように、質問には必要な情報を得るためのものと、相手の気づきを引き出すためのものがある。前者は情報収集を目的とし、後者は気づきのきっかけを提供するためのものとなる。いずれの場合でも、質問をされる側は答えねばならないプレッシャーにさらされている。提供者は他者に自分の実践を開示することだけでも大きな負荷がかかるが、そのうえで質問に答えねばならないことを、参加者は配慮すべきである。聞く側は単に知りたい情報を質問しているに過ぎなくとも、受け手にとっては答えられない場合に「「そんなこともわからないのか」と思われているのでは」と感じてしまうものである。したがって質問は極力サポーティブに、答えられない質問があったとしても、そのことが相手の学びになるような問いかけをする工夫が必要になる。

　自分の至らない点が露わになってしまうことは誰にとっても避けたいことであろう。だからこそ、質問者の側が聞き方に配慮し、心理的安全を意識する必要がある。これは実は本人や家族に対して面接をおこなう際にも不可欠な配慮であり、援助職種が身につけるべき基本的態度である。本人や家族も「こんなことができないなんてだらしないと思われないだろうか」、「こんなことで頼っていいものだろうか」、などの不安の中にいる。そういった状態にある対象者に、必要な情報だからといってなんでも無遠慮に聞いてよいということにはならない。とはいっても援助するうえで必要なことを遠慮して聞けずにいれば、大きなマイナスである。実践の場合は取り返しのつかないことになりかねないが、事例検討の場合はまだ取り返しようもある。真剣に問うという行為を磨くよい機会であるので、意図して取り組むべきであろう。

　事実と真実（客観：fact と主観：truth）：情報には、事実と真実がある。日常の会話では両者の違いはさほど区別されることなく、漠然と用いられているように思うが、事例検討においては違いを意識したほうがよい。両者の大きな違いは、客観的か主観的かである。事実は英語で言えば fact であり、検証可能なこと、実際に生じたことを指しており、主観的な解釈・理解を排除して、生

じている事柄をそのままに示すものを指す。真実は英語でいえば truth であり、その人が主観的に捉え、本当だと信じていることを指す。想像や推測によるものは話し手にとっての真実にはなり得るが、それが事実であるかは検証が必要になる。

　なぜ両者を区別する必要があるのかといえば、全方位型アセスメントや全方位型支援においては、当事者の主観的ニーズを把握し、援助者の客観的ニーズとすり合わせる必要があるからである。当事者の思いや願いが仮に客観的事実とは異なるとしても、当人がそのように認識していること自体は紛れもなく事実である。当事者側から見れば、自らの真実を頭から否定されたら相手を信頼することは困難であろうし、援助者にしても否定から入れば当事者の受容的理解には至らない。

　認知症の人へのケアを例にとれば、本人が表出している事象が仮に妄想や幻覚でも、それは当人にはそのように見え、そのように感じられているのであり、当人の主観を無視した支援はあり得ない。一方で本人の真実を受け入れることと、実際にそのことを事実とみなすことは同じではない。

　何を、どう聞くか：事例検討の目的が支援や困難状況の解決にある場合は、対象者の臨床像を描くのに必要な情報を収集することになる。対象者理解や支援の検討に必要な情報は多岐にわたり、吟味しなければ時間がいくらあっても足りなくなる。また、質問の中身によっては、相手が話したくないことが想像される場合もある。

　相手が話しにくいことでも、それが事例の核心的部分につながるものであれば、援助者はあらゆる工夫と配慮をしてその情報を受け取る必要が出てくる。そういう場合は、対象者にその情報が必要な理由を明示し、答えることで当人が直面している困りごとの解決につながることを説明する必要がある。聞き手が聞きにくい、というのは聞くための根拠が曖昧な場合によく生じる。聞きにくいと感じる情報は自分に問うだけの根拠があるかを確認しその根拠を言語化し伝える必要がある。

　質問は情報を得るための重要なスキルであるが、何を、どうして聞く必要があるのかが質問する側の根底になければ、上手な言葉をいくら並べても相手に

は届かない。質問者は情報収集→意味づけ→臨床像仮説の生成→仮説の検証という流れを頭において、そのどの部分につながる情報を得ようとしているのかを自覚する必要がある。重要な質問だとしても流れから外れる質問は混乱を招き、うまく答えてもらえない事態をまねく。

　情報収集にどれだけの時間をかけるか：実際の援助場面と同じく、情報収集も無制限に時間が使えるわけではないため、一定の時間で区切る配慮も必要になる。

　カンファレンス要素が強い事例検討の場合や、援助に必要な最低限の情報がある場合は、今ある情報でこれからの支援を組み立てる必要があるので時間で区切り、先に進める。把握しきれなかった情報については必要に応じて次回の事例検討を設定し、再度検討をおこなうこととする。このタイプの事例検討は90分程度の短めのものを複数回設定するほうが効率的な場合が多い。

　一方、30分程度経過しても質問が途切れずさらなる時間が必要な場合は、情報を把握していても意味づけが弱く活かせていない状況が推定される。また、多くの質問に事例提供者が答えることができない場合もある。出席者のうちに事例提供者に替わって情報を提供できる人がいればよいが、そうでないときは無理に検討を進めることは避けるべきである。いずれの場合も、情報収集、分析、統合という事例提供者のアセスメントに不備があるという問題があるわけなので、参加者の力を借りてアセスメントを深めるという課題をクリアしないと先に進むことはできない。

　次のステップとして、対象者の臨床像を描き問題を抽出していくには一定の質と量の情報が欠かせない。その人に何が生じているのか、そのことが生活や人生にどのような影響を及ぼしているのかを理解するのに必要な情報が欠けている場合には、どんな情報が必要なのか、それはなぜかを明らかにし、その情報をどのように得るのかを事例提供者が理解することが課題となる。無理やり推測を重ねても、信頼に足る仮説は構築できず、仮説を検証するだけの材料もないのであれば、その回は事例提供者に対しての教育的スーパービジョンを主目的としたほうがよい。

　スーパービジョン重視の場合は、「必要な情報が収集できていない」という

事例提供者の問題を明確化し、「援助を進めるためにどのような情報が必要かを明らかにする」「その情報を誰（どこ）からどうやって入手するかを明らかにする」という課題を優先し、問題への対応の検討を場合によってはあきらめる。事例検討をおこなう目的によっては、最初からスーパービジョン型の事例検討であることを明確にして、2〜3時間程度の長めの時間設定をしておいたほうが、検討が深まり得るものが多くなる。

　カンファレンス重視でもスーパービジョン重視でも、中途半端は避け、目的に応じた割り切りが必要になる。

（7）手順④再アセスメント：把握されている情報の分析統合、問題点の抽出・分類整理（仕分け）、仮説の生成、ストレングスの把握

把握されている情報の分析

　情報はただ収集しただけでは役に立たない。その情報が意味づけられて初めて役に立つ。意味づけとは、他の情報と結びつけて比較し、解釈し意味をつけていくこと、つまり分析である。意味づけがなされていない情報は、端的に言えば、あってもなくても同じである。同じ情報を得ても、誰もが同じ意味を見出すとは限らない。200cc入るコップに100ccの水が入っているときに、「半分しかない」ととるのか、「まだ半分ある」ととるのか、「半分もあって飲みきれない」ととるのか、「半分もあれば十分足りる」ととるのか、事例検討においては当人の意味づけについても質問し、共有する必要が出てくる。

把握されている情報の統合

　統合とは、意味づけされた複数情報を用いて臨床像を描いていく行為である。情報を羅列的に扱うのではなく組み合わせ、つなげることでその人の姿を仮説的に描く。多少の想像力や、時には妄想力をも加えて仮説のストーリーを組み立て、判明している事実を代入して検証することで、いくつもの情報が意味のあるまとまりになっていく。

　対象者のことをすべて知り尽くすことができない以上、ある程度検証され一

応の信頼性のある臨床像が必要である。仮に本人が意思表示をおこなうことが困難でも、必要な援助をおこなわねばならない以上、臨床像仮説を頼りに手探りでも支援を進め、常に検証を続けて仮説に変更が生じた場合には方向転換を恐れないことも必要になる。

問題点の抽出・分類整理（仕分け）

問題点の抽出：問題点とは「あるべき姿と現状との負のギャップ」、すなわち改善を必要とする現状を言語化したものである。問題は理想とのギャップとして認識されるため（図1-4）、理想のあり方が異なれば問題のあり方も変化する。そのため、援助者が描く問題・理想と、当事者のそれが食い違うことは容易に生じる。食い違いを防ぐためには、アセスメントによって本人の臨床像が描かれている必要があり、本人の理想と現状とのギャップと、専門職として描く理想とのギャップの両方を意識する必要がある。

事例検討においては把握されている情報を吟味して、いったい何が問題となっているのかをそこから抽出していくことになる。理想のあり方によっては

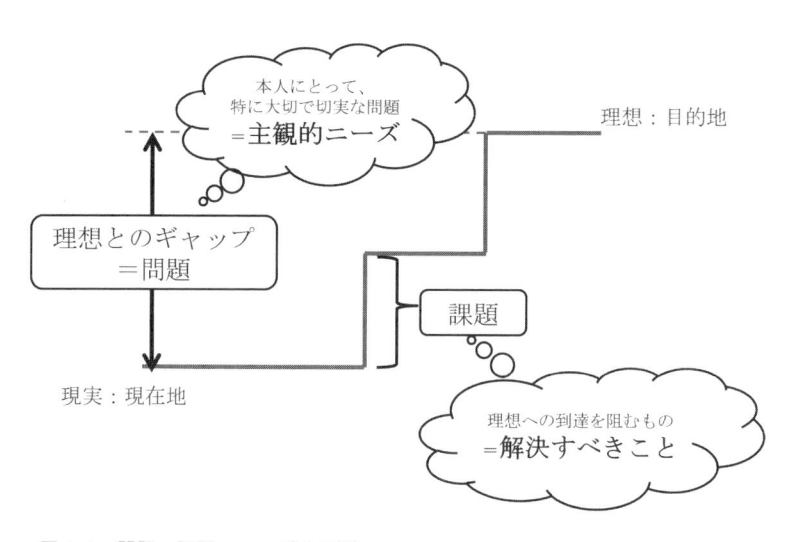

図1-4　問題・課題・ニーズの区別

何をもって問題とするのかも違ってくるため、事例検討の参加者間で問題の捉え方が異なる場合は、それを問題とみなすかどうかの合意形成を行い、合意された問題点については解決を目指して参加者が協力していくことになる。

　援助がうまくいかない状況でよく生じているのが、実は問題が不明確であったり、当事者と援助者間、あるいは援助者同士の間で問題の認識が異なっていたりすることである。解決を目指す方向性が異なっていれば、望むゴールにたどり着くことは非常に困難になる。先に述べたように理想のあり方が異なれば、何をもって問題とするのかも違ってくることになる。つまり当事者にとっての問題を推し量るには当事者の理想という物差しと、その目盛りの読み方が必要になる。おなじ目盛を読んでも「こんなにある」と読むか「これしかない」と読むかで意味が変わってくる。

　援助がうまくいかない典型的な例として、援助者側のパターナリズムからくる押しつけ、勘違いを当事者側が受け入れない状況がある。当事者からすれば自らの理想と異なるものを無用だと判断し、いらないと表明しているに過ぎない。しかし援助者側からすると専門職として判断した「必要に決まっている」ことを拒絶されたと感じ、なんとかして受け取らせようと必死になる。しかしそれは当事者側からすればいらないものの押し売りに過ぎず、何度売りに来られても答えは変わらない。

　もし、皆さんがこの状況を変化させるとしたら、何を試みるだろうか。当事者の主観に立って、当人が必要としているもの・ことを知り、それを用意するか、自分がすすめるものが当人の必要としていることにどう役立つかを説明するか、であろう。これらをおこなうのが事例検討における再アセスメントであり、描いた当事者の主観と援助者の客観をすり合わせることでやるべき対応が見出されていく。

　援助がうまくいかない状況でおこなわれる事例検討で、いきなり手立てを検討して行き詰ることはよくある。それは当事者にとっての問題がわからないまま、専門職の客観で捉えた問題に対する手立てを考えてしまうからである。これでは援助者に拒絶と映る反応が示されるのも無理はない。

　客観的にはいかに必要なことであっても、当事者に届かなければ受け入れられることはない。援助者だから無条件に信頼してくれるわけではない。自分が

必要とする解決につながる提案をしてくれるからこそ信頼してくれるのである。そのことを念頭に置いて、問題を抽出するだけでなく本人に届くように整理する必要がある。

　最初から問題を絞り込もうとすると言葉になりにくいのであまりこだわらずに、まずは参加者が問題だと感じることを、端的に言葉にして表出し、ホワイトボードに書き出していく。できる限り幅広く問題を抽出するためにも、参加者全員に発言を投げかけ、全員が問題を提示するようにすると参加意識が高まり、場が活性化する。できるだけ幅広く問題をあげようと意識することで見落としや思い込みを避けることができるので、進行役は参加者に対してホワイトボードを見ながらまだ提示されていない問題を探すように働きかけるとよい。

　問題点の分類整理（仕分け）：問題点の抽出が終わったら、あるいはあらかじめ設定した時間が終了したら、次におこなうのは抽出した問題の分類整理（仕分け）である。問題を一通り出したあとで、その問題が誰にとっての、誰が解決すべき課題なのかを整理していく。大きく分ければ対象者個人の要因と、環境的要因の二つになる。前者は当人が向き合うことで自ら解決の主体となり、後者は当人が直接的には解決できず、援助者、支援チーム、地域、行政などが取り組んでいく事項になる。

　時として、本人には解決できない環境的な問題が、当人の問題にすり替わることがある。たとえば、遠方の病院受診にホームヘルプと病院移送を必要としている利用者がいるとして、「本人が必要とする曜日や時間帯に利用できるサービスがない」、というのは環境的な問題であり本人には解決できない。本人は受診に必要なサービスを求め続けているだけなのに援助者側は「対応できない過剰な要求をし続ける人」とみなして問題視する、という状況である。この場合、援助者にとっては「過剰な要求」は理想とかけ離れた望ましくない問題状態である。これをこのまま課題に転換すると「（利用者が）過剰な要求をしない」となり、課題解決のために説得モードに入ってしまうのはよくあることだろう。

　しかし、本人が望む特定の曜日・時間帯に受診することではなく、診察を受けきちんと持病の治療ができるようになることが問題の中核である、と新たな気づきが得られれば、事業所が対応可能な曜日・時間に受診を調整する、時間

の融通が利く近医に受診先を変更する、往診医を見つける、などの今まで検討してこなかった手立てが見えてくるかもしれない。

　このように本人が繰り返し表出している「〇曜日の〇時に移送サービスとヘルパーを使いたい」という点のみに注目するのではなく、本人が真に求めていること、絶対に成し遂げたいことが絡む問題の中核に視点を置いてみれば、診察を受けられるのであれば〇曜日の〇時にこだわる必要性はない、ということになる。逆に信頼する主治医の診察を受けることが最重要ならば、遠くて受診に要する負担が大きくともその医師でなければだめなのであり、主治医変更の対応を提案しても受け入れがたいことは想像できる。その場合も「信頼する」に力点があるのであれば、「別の信頼できる医師」と出会えれば受け入れられる可能性もある。

　ここまで見てきたように、本人が受け入れられる対応、本人にとっての解決につながる対応を見出すのには問題の中核を把握することが必要になる。中核を外した支援は当事者とのずれを生み、援助者側の困難感を増幅させるため、問題の整理をおこなう際にはその問題が誰にとって問題なのか、誰が解決すべき課題なのかを意識するとともに、当事者にとってどれくらいの切実さをもったものかを想像する必要がある。それがずれを解消し、当事者に届く支援を見出し、結果として効率がよく、援助者が疲弊しない状況を生み出してくれる。

仮説の生成

　質疑応答をし、情報の収集・確認をおこないながら、少しずつ対象者の理解を深めていく。ここで言う「対象（者）」の範囲は表1（11頁）で表した、事例の焦点をどこに当てるかによって異なる。個別的具体的要素の強いミクロ領域の事例の場合は利用者・家族が主な対象となり、メゾ領域の要素が入ってくるとそれらに加えて事例提供者も対象に入ってくる。メゾからマクロの領域に入ると対象は個人から地域や組織やシステムに移り、普遍的で抽象的になっていく。

　焦点が個人に当たる場合は情報を意味づけながらその個人の臨床像を描いていく。その際に必用なのは全方位型のアセスメントであり、特に対象者の主観的な部分に意識を払うことである。その人にとっての真実が理解できないと、

リアリティのある対象者理解には至らない。

ストレングスの把握

　問題点は改善を必要とする現状であり、ネガティブな情報が基本となる。一方で、本人や環境のストレングスを把握することはポジティブな情報収集になるので、本人中心の支援をするうえではエンパワメントの視点からも重要な情報になる。併せて、課題を解決する際に本人や環境のストレングスに着目することで、課題解決へのアプローチが容易になる。たとえば、本人に「支援を拒否しない」「困ったときには助けを求めることができる」というストレングスがあった場合には、支援やサービスを導入しやすくなる。また、「地域住民が本人のことを心配している」「地域の民生委員と関係性が取れている」というようなストレングスがある場合には、地域での支援体制が取りやすくなる。このように課題を検討する際にストレングスに注目すると、その後の展開に活用できる。

（8）手順⑤問題の整理と課題の明確化：類似の問題を束ねる、課題への転換

類似の問題を束ねる

　抽出された問題のうち、問題が起きている背景（原因）が類似しているものを束ねていく。支援現場では現象としての問題に目を奪われ、個別に具体的な方法を考え対応しようとしがちであるが、それらの問題がどこを起因としていて、その原因・要因は何かを把握することが必要である。起因は、ものごとが起こることになったきっかけ、要因は、ある出来事が起きたときにその原因となった主要な要素を指す。複数ある場合や一つに特定できない場合は「要因」を使い、一つに特定できる場合には「原因」を使うとよい。

　問題の構造化とは、多々ある問題の現象のみにとらわれず、その背景にある原因・要因を把握することであり、全方位型アセスメントの重要な部分だ。具体的には問題の特徴（何が、誰にとって、どう問題か）、問題の決定要因（何を問題とみなすかに作用する本人の主観と専門職にとっての客観的根拠）、問題の歴史（問

題の背景、経過、これまでにとられた対応）、問題の影響（問題の影響がどの領域に及んでいるか、どの程度の実害があるか）の相互的な作用を見ていく。

　草刈りをするとき、地表に出ていて目に見える草だけを刈っても、草が生えてくる原因となっている根を除去しなければ、また草が生えてくるのと同じで、悪循環が繰り返される要因となる問題を構造化しそこを解決することが、支援の場では重要となる。

課題への転換

　課題とは問題を解決するための取り組みであり、解決のための手段ともいえる。事例検討の手順としては、まず理想と乖離し解決を必要としている状況である「問題」を明確化し、その問題を解決する手段として「課題」を設定する。課題設定のコツは、解決のためにとる行動を具体的に動詞で表現することである。行動として表現することで、やるべきことが明確にイメージされ、実行性が高まる。

　設定した課題についてはその解決に取り組まねばならない、という合意を参加者で形成することで、参加者が課題の解決に協力することにもなり、役割分担がスムーズに進むようになる。

（9）手順⑥支援内容の検討：支援の方向性の確認、役割分担

支援の方向性の確認

　課題がこれからとるべき行動として当人に理解されると、支援の方向性も見えてくる。進むべき方向さえぶれなければ、援助チームにおいて援助の方向性が狂うことも少なくなる。方向性が定まらない状態で具体的な手立てを検討しようとすると、「これをやるのは難しそうだ」とか「必要なのはわかるけど、とてもそこまではやる余裕がない」などの現実が立ちふさがり、支援の困難性が強調されてしまう。まずは課題から援助の方向性を描き、援助チームで課題に取り組む合意を図ったうえで、具体的方法を検討する順番でおこなうほうがよい。

　具体的方法については、参加メンバーの専門性や経験値を総動員してアイ

ディアを出し合う。このときに「参加者の選定と問題の中核」（20頁）で説明したように、検討会を企画し招集する段階で、ある程度信頼のおける問題の中核の仮説をもち、解決のための知見をもっている人物に参加を依頼していることが非常に大きな意味をもってくる。様々な制度や資源、援助方法が存在するため、支援困難な事例であればあるほど、多職種多機関からの参加が役立つ。ただし、事前に解決すべき問題が明確化され、課題が合意されていないと、多職種多機関の集まりが烏合の衆となり、それぞれがそれぞれにとっての問題の解決を言い合う収拾のつかない事態にもなり得る。

　進行役は、参加者のもつ強みである援助経験や所属組織のリソースなども意識しておき、ここぞというところでその強みを発揮してもらうように気を配る。そうすることで参加者が自分の役割を認識し、課題解決に主体的に参加してくれるようになる。本人や家族、地域住民、今後連携を強化したい関係者などが参加している場合は、その人たちの見せ場を用意し、期待され役立っている実感をもってもらうことも今後の援助の展開に大きく作用するし、支援ネットワークの形成や地域資源の活用などにもつながってくる。このあたりの進行のコツは個別ケースの検討とやや異なる点があるので、事例検討にメゾ・マクロの要素が強まっていくときには、事前の状況把握や仕込みや根回しも必要になってくるだろう。

役割分担

　問題を解決するには、設定した課題を絵に描いた餅にせずに取り組むことが当然必要になる。設定した課題について合意を得ておかないと、役割分担の際に引き受けられないなどの拒絶が表明され、課題が宙に浮いてしまうことになる。重層的支援会議やケアマネジメント支援会議など、困難状況の解決を目的としておこなう検討会の参加者は、課題解決への協力者でもある。設定した課題に合意することで、解決に一役買うのだという意識をもってもらう必要がある。

　役割分担においては、課題設定で言語化した行動の主体、すなわち主語を明確にする。誰がその課題解決を担うのかは、ここまで臨床像や問題や課題を導くプロセスを共有できていれば、「これはうちが（私が）やるしかないな」と

認識してくれる場合が多い。会議の場で参加者から課題解決の適任者として承認されることで、取り組みの主体者としても確定していく。

（10）手順⑦まとめ：事例提供者によるまとめと参加者による感想の共有、スーパーバイザーによるまとめ

事例提供者によるまとめと参加者による感想の共有

　課題解決を目指す事例検討会の場合は、役割分担まで確定させたうえで、一定期間を置いて実施状況を確認し修正するための場・日程を設定し、モニタリングをおこなうことが重要である。

　一方、スーパービジョンを主とする場合には、事例提供者が自分の言葉で簡潔に振り返りをおこない、設定した自らの課題について言語化をおこなう。問題の構造を絵解きしてもらえば、なんとなくわかった気になることはできる。しかし、それは借り物の言葉に過ぎない。最後に自分なりの言葉で検討を振り返ることには、検討の成果を自分のものにする意味もあるので大切にしてほしい。

　参加者は事例提供者をねぎらい、感想を述べる。今後の支援に有用な情報がある場合などは、ここで提供すると事例提供者にとっては非常にうれしいサポートになる。ベテランであれば検討の序盤で様々な援助方法を思い浮かべ、そのことをすぐに提示したくなるが、検討のプロセスを経ていない、問題の中核を明確に思い描けない状態で対応方法を聞いても、それは事例提供者の血肉にはならない。困難状況の解決が重視される場合は具体的方策の検討の際に述べ、スーパービジョンが重視される場合には感想の部分で述べるとよい。

スーパーバイザーによるまとめ

　時間的な余裕がある場合は、スーパーバイザーによるまとめや、進行方法の背後にある意図について補足的な説明をおこなう。それにより、検討会参加者の中から今後の進行役を務められる人を育成できる。

　現在、事例検討をきちんと取り回し、成果を上げることができる進行役は不足している。後進の育成を続けていくことが重要である。2章においては、そ

うした進行の意図について掘り下げていくので、進行役やスーパーバイザーを目指す人、組織や地域から期待される人は本章と合わせて参照してほしい。

モニタリング

課題解決を目指す事例検討会の場合は検討結果を活用し実際の援助を進行していく。やりっぱなしで終わらないように役割分担の決定と合わせて、モニタリングの日時を決定し、その間の実施状況を確認する。事例終結まで、必要であれば再度事例検討をおこない、対応をブラッシュアップしていく。

2 事例検討で重要な「全方位型アセスメント」とは何か

事例検討をおこなううえで重要なポイントになるのが、「全方位型アセスメント・全方位型支援」である。全方位型アセスメントについては前著である『「困難事例」を解きほぐす』で詳しく解説をしているため、本節においてはその概略を示す。なお、本章で（前著〇頁）としてある部分は前著の掲載頁であり、より深く理解したい方はぜひ前著を一読することをお勧めする。

（1）三つの視点と四つの援助技術

全方位型アセスメントとは、本人の主観的な視点から臨床像を描く→専門職としての客観的な視点も加えて問題を把握し、問題の構造を描く→主観的ニーズと客観的問題をすり合わせて個別化したニーズを明らかにする、というプロセスからなるアセスメント方法である。

全方位型支援とは、「三つの視点」、「四つの援助技術」に基づき、「全方位型支援の四つの領域」で展開する支援であり、全方位型アセスメントによって描いた主観的ニーズと客観的問題の両方に成功する解決策（以下、成解と表記）を構築する支援である。

《三つの視点と四つの援助技術》

・三つの視点

　①本人の主観的視点、②専門職の客観的視点、③過去・現在・未来という三つの時制をつなぐ視点

・四つの援助技術

　①対象者理解、②問題把握、③見立て、④手立て

（2）全方位型アセスメント・全方位型支援の全体像

　次に、全方位型アセスメント・全方位型支援の全体像を図1-5（全方位型アセスメント・全方位型支援の全体像）に示す。また、それぞれの領域でおこなうことと達成することを図1-6（それぞれの領域でおこなうこと・達成すること）に示す。

　この図の基本的な構成としては、「三つの視点」のうち本人の主観的視点と専門職の客観的視点を縦軸で対置させ、「三つの時制」を横軸で捉え、中心点に「現在」を配置している。そのうえで、四つの援助技術については①対象者

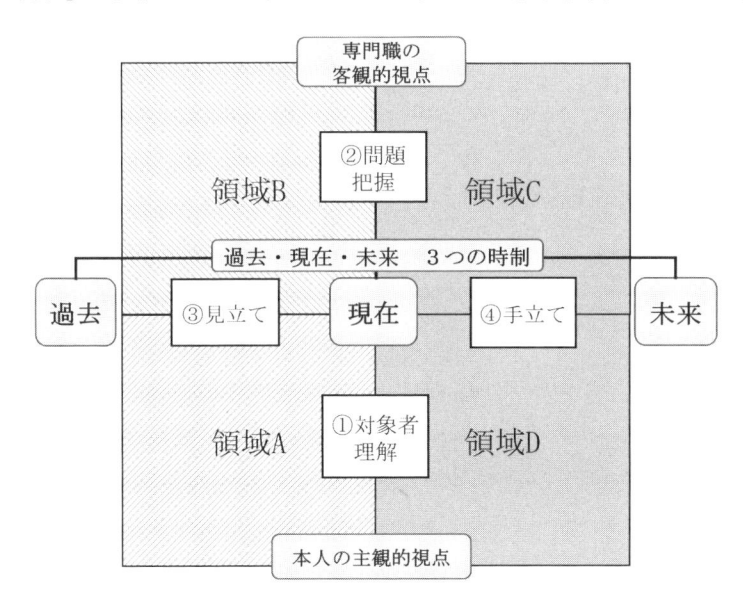

図1-5　全方位型アセスメント・全方位型支援の全体像

理解を「本人の主観的視点」に、②問題把握を「専門職の客観的視点」に、③
見立てを「過去」に、④手立てを「未来」に結びつけている。

　領域 A は対象者理解と過去から現在をつなぐ見立てが重なる「臨床像を描
く」領域、領域 B は問題把握と過去から現在をつなぐ見立てが重なる「問題
の構造を描く」領域、領域 C は問題把握と現在から未来に向けた手立ての重
なる「客観的問題への手立てを構築する」領域、領域 D は対象者理解と現在
から未来に向けた手立ての重なる「主観的ニーズへの手立て」を構築する領域
となっている。このうち全方位型アセスメントとは領域 A と領域 B を指し、
全方位型支援とは全方位型アセスメントを前提として描かれる領域 C と領域
D を指す。

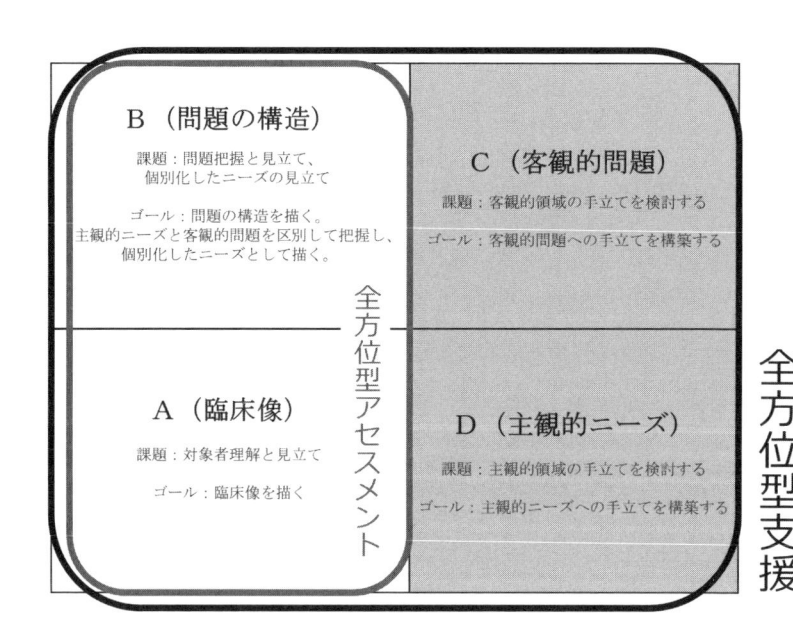

図 1-6　それぞれの領域でおこなうこと・達成すること

（3）全方位型アセスメントの展開（領域 A と領域 B）

領域 A：臨床像を描く

　領域 A では、対象者理解に役立つ情報を収集し、分析し、それらを統合することで臨床像を描いていく（前著 67 ～ 69 頁）。あくまで本人の視点からの意味づけを試みるため、援助者側の解釈や判断を極力除き、確認されている事実を元に意味づけていく。というのも、同じ情報を得ていても、専門職が意味づけしたものと、本人や家族などの当事者が意味づけしたものは異なる場合があるからである。専門職の側が「何度も説明しても理解してくれない。あの人は理解力が低いのではないか」とか「何度言っても返事だけで実行に移してくれない」などとやきもきするような状況では、本人や家族と意味づけが異なっていることがよくある。そのため領域 A では、当事者の主観的な視点を意識して臨床像を摑むことを目指す。また、対象者がどういう人で、どう生きてきたのか、どうしてどうなって、今の状態になったのかを探るため、現在と過去を行き来する視点をもつことも重要である。

　領域 A のゴールは臨床像を描くことである。実際の援助においては臨床像の完成を待ってはいられないため、できるだけ早期にある程度検証された臨床像仮説を描くことが必要になる。援助者が対象者のすべてを知り尽くすことはとてもできないので、仮説思考を駆使して試行錯誤して検証していくことになる。コツとしてはある程度大胆に、複数の仮説を立てて、現実とそぐわない仮説を棄却しながら絞り込んでいくことである。その際によくおこなう方法として自分の感覚と真逆の仮説をあえて立ててみる、ということがある。たとえば妻思いの素敵な人だな、と感じているのであれば、あえてそれが虐待を隠す仮面をかぶって演じている、というように相反する仮説を立て、だとすればどんなところにその兆候が表れるかを考えて検証していく、ということである。意図をもって情報を吟味しないと膨大な情報がある中で意味づけをおこなっていくのは難しい。さらに、同じ事実でも全く異なる意味づけをすることすら可能である。援助者の思い込みや決めつけを排除するためにも、仮説思考に基づく試行錯誤が重要である。

領域 B：問題の構造を把握する

　領域 B では、領域 A で検証した臨床像を土台に、問題に関する情報を収集し、問題を分析、統合して何が問題なのかを把握していく（図1-7　問題の構造）。さらにその問題は、「いつから、どうして問題になっていったのか」、という現在から過去に遡る視点と、「なんでどうして今の状況ができあがったのか」という過去から現在に至る道筋をたどる視点を活用して見立てていく。ここでは問題を時系列で捉えて、問題そのものよりも、むしろその問題が「問題になっていったストーリー」を意識するとよい。そうすることで、今現在の当事者にとってその問題がどのような成り立ちをもっているかを個別的に捉えられるようになる。これは、事例検討において問題解決を指向していくときに特に重要な、当事者にとっての問題やストレングスを見出したり、解決を阻んでいる壁を見出したりする際に非常に役に立つ。

　先に領域 A で臨床像の仮説を構築していることで、問題を見立てていく際にも本人の主観が組み込まれ、専門職が見落としがちな当事者の主観的側面を

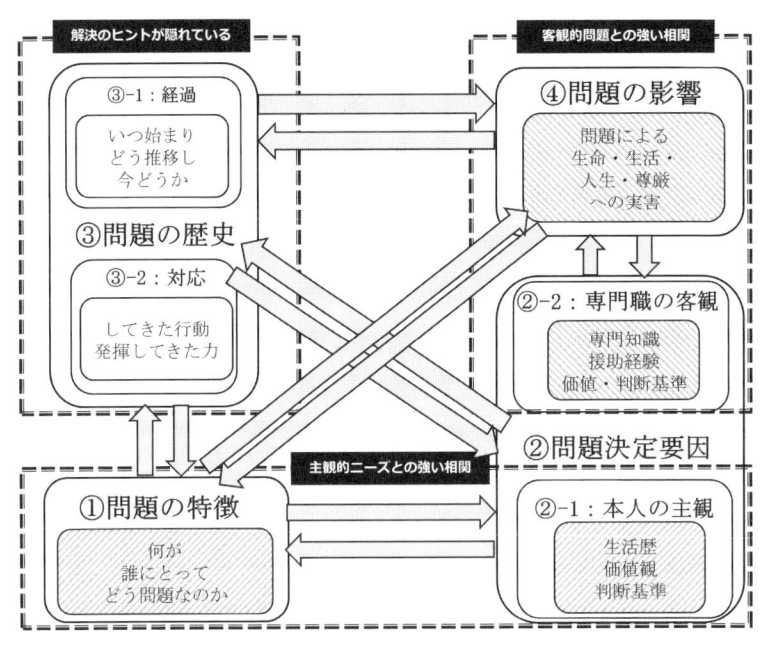

図 1-7　問題の構造

拾い上げることができる。これにより解決を困難にする要因となる、当事者と援助者のずれを少なくしていくことができる。

　援助を実施する際に、専門職はどうしてもその専門性に基づいて発見した問題（客観的問題）に注力してしまう。それが本人や家族などの当事者にとってのニーズ（主観的ニーズ）と一致していれば、援助が受け入れられスムーズに展開していくが、両者がずれていると、援助をスタートさせることすらできない場合がある。当然ながら専門職は自分の専門領域の広範な知識と豊富な経験を有しており、当事者とは情報量が大きく異なる。このことが当事者とのずれを生じさせやすい要因となっているが、当の専門職側はずれを認識していないことも多い。そうしたずれを極力少なくして当事者の主観に意識を払うために、まずは領域Aにおいて臨床像を描き、当事者の主観的な世界を理解したうえで、領域Bで向き合うべき問題を当事者の主観も含めて見立て、問題の構造を理解していく。

　問題の構造を考える際にも、臨床像の構築と同様に仮説思考を用いて試行錯誤しながら検証し積み上げていく。特に家族システムが複雑で複数の当事者と問題が絡み合っている場合は、問題の表面だけを捉えるのではなく「何が、誰にとって、どう問題であるのか、いつから、何がどうして問題となっていったのか」を言語化していく。問題の見立ての精度を左右するのが臨床像の深さであり、領域Aでの検証が不十分だと問題の把握も見立ても甘いものになってしまう。当事者が「何をして、どう生きて今に至るのか、何を感じてどうしたいのか」が領域Aで描けていることが前提となる。

　ただし、アセスメントを進める際には臨床像の理解と問題の構造把握のプロセスを厳密に分けられず、問題の構造的理解が進むことで、その問題と向き合ってきた当事者の臨床像が変化していくことも起こり得る。たとえば、長年自分の難病と向き合い自分なりに頑張り続けてきた歴史が領域Aで見えてくることで、無気力で拒絶的に映っていた今の姿は、頑張り続けた結果どうしても譲れない大事なものだけを守る本人なりの最適解であることがわかる、などのように、問題の構造と臨床像は相互に作用しながら構築されていく面もある。

　しかし、援助者は把握しやすい客観的視点に偏りがちで、それによる決めつけが当事者とのずれを生じさせやすいため、緊急性が高く一刻を争う、自傷他

害の恐れが大きい、などの場合を除いてまず臨床像に意識を向け、領域 A からの展開が基本となる。

領域 A と領域 B の関係

　領域 A の臨床像の完成と、領域 B の問題の構造的理解が、それぞれある程度の水準でなされると、本人の姿と直面している問題とが、立体的に立ち現れてくる。対象となる当事者の主観も踏まえた臨床像が検証され、なおかつ解決の必要のある「問題」がどのような過程を経て問題となっていったのかがわかれば、問題の構造も捉えることができる。この二つの達成課題をクリアすることによって、全方位型アセスメントが完成したことになる（図 1-8　全方位型アセスメントの完成）。問題解決に取り組むには、これらを言語化して表現できるかが問われる。臨床像を土台として問題の構造を明らかにすることで、問題の主観的側面・客観的側面、解決を阻む壁が見えるようになる。そのうえで、援助者と当事者が合意できるポイントを押さえた個別化したニーズに対応していくことになる。

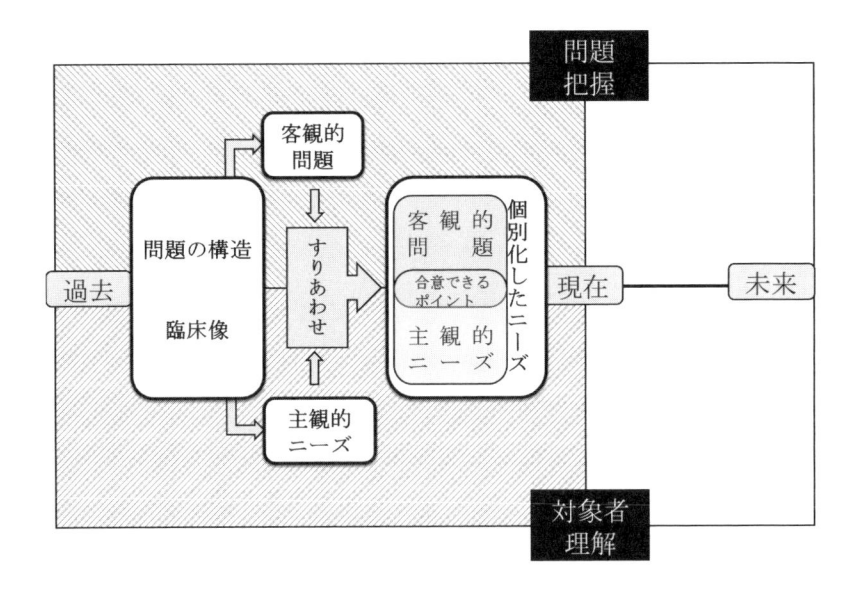

図 1-8　全方位型アセスメントの完成

（4）全方位型支援の展開

　全方位型アセスメントによって臨床像と問題の構造を描いたら、それを土台として問題解決のための手立てを構築していく。遠回りをしているように感じるかもしれないが、全方位型アセスメントをおこなうことには以下のようなメリットが挙げられる。まず、臨床像が検証されていることで主観的ニーズにも成解を得ることができ、本人に届く支援が可能になる。さらに、問題を構造的に捉えているので、表面的な問題に引きずられることなく、未来に向けて本質的解決を図ることができる。また、理想への到達を阻んでいるものが見えやすくなり、課題の明確化がおこないやすくなる。

　ここでは、問題と課題を区別し、切り分けている。「問題」とは理想との負のギャップであり、改善を必要とする事象のことである。それに対して「課題」は、現状をあるべき姿に近づけるために解決すべきことであり、問題を解決するために取り組みの対象となるもの、である。両者を切り分ける際のポイントは、「問題」は当事者自身に課せられないが、「課題」は当事者自身に課せられている、という捉え方を活用することである。

　手立てを構築するためには「問題」を構造的に捉え、何をどうすれば理想的な状態に近づくのか、理想への到達を阻んでいるのは何かを考え「課題」を切り出していく必要がある。取り組みの対象としての課題が明確化されて初めて援助が実行できるようになり、本人や家族の主体的取り組みが始まる。事例検討において、問題は明確になっていても課題が不明確で援助者が手をつかねているケースがよく報告されるが、問題と課題を区別して課題を切り出すことで、手立てとして着手できそうなことが見えてくる。

　手立ての構築は四つのプロセスで進行する。第一のプロセスは、課題の明確化と整理である。問題の構造が把握でき、個別化したニーズを描けていれば課題は見えやすくなっているはずであるが、事例検討などで比較的短時間で手立ての構築をおこないたい場合は、類似の問題、対応方法が同じ問題を束ねることで共通する大きな課題を見つけ出していく方法も有効である。

　第二のプロセスは、問題解決やニーズの充足に活かせるストレングスの把握

である。本人が主体的に問題解決に取り組めるかどうかは、ストレングスの活用がカギを握る。そのため手立ての構築にあたり、本人や環境のストレングスを把握し、その中から課題解決に活かせそうなものを取り上げて手立てにつなげていく。

　第三に、合意形成と役割分担である。多職種で全方位型支援に取り組む場合、単純に情報を共有するだけでは連携は成立せず、直面している問題が本人にとってどんな意味をもつか、という意味づけも含めた合意形成と、それを解決するために取り組む課題に対しての行動レベルの役割分担が必須となる。役割分担まで明瞭に言語化され合意が得られていればチーム内での齟齬が生じるリスクは非常に少なくなり、誰が担うべきであるかも納得しやすくなるため、押しつけ合いも生じにくくなる。

　第四のプロセスは、手立ての構築である。明確化された課題とストレングスを結びつけて、本人のストレングスの活用を含めた自立を目指すための手立てを構築していく。課題に対してどうしても手立てがない場合などは、そのこと自体が「課題解決のための資源がない」という地域課題となり、本人の課題とは分けて地域ケア会議などで取り扱うことになる。本人の課題と、環境の課題は明確に区別すべきであり、環境の課題までも本人のせいにしてしまうと解決は遠のいていくので、注意が必要である。

　手立てをはっきりさせてから誰が担うかを決めるほうがスムーズな場合には、第3と第4のプロセスは入れ替わる場合もあるが、その場合でもこの課題への合意形成は先におこなうほうがよい。

　以上を踏まえて、領域Cと領域Dの展開について示す。

客観的問題及び主観的ニーズへの手立ての構築

　領域Cでは問題の構造と専門職の客観的視点に基づき、領域Dでは問題の構造と対象者の主観的視点に基づき、それぞれ未来に向けて手立てを構築していく（図1-9　全方位型支援の展開）。その際に重要になるのは、課題を明確化することと、ストレングスを把握し活用することである。なぜなら、客観的問題はある程度標準化して捉えることも可能だが、主観的ニーズは本人の文脈に沿ってしか描くことができず千差万別だからである。そして、主観的であるか

らこそストレングスを解決に活用することが重要になり、本人が主体的にかかわる度合いも増えていく。

領域CとDの境目・比較

　領域CとDは厳格に区別されるわけではない。たとえば、病気の治療などのように、「治療を必要とする状況」（客観的問題）と「治りたい」（主観的ニーズ）が重なり合うことも多い。重なっている場合には特にトラブルは生じず、専門職主導で客観的問題を解決すれば、主観的ニーズも同時に充足される。しかし、客観的問題と主観的ニーズにずれがある場合も当然ある。たとえば、手術すべて摘出したほうが完治する可能性が高くても、本人の宗教観、美的感覚、価値基準などによりその治療を拒否する、命より優先度の高いニーズをもっているなどの場合に、援助者がその主観的ニーズに意識を向けず尊重しないと、大きなトラブルになる。専門職にとって客観的問題を見つけ出すことはさほど難しくはない。しかし主観的ニーズは意図して見つけ出そうとしないと見えないことがあるため、領域Dへの意識を常にもつ必要がある。

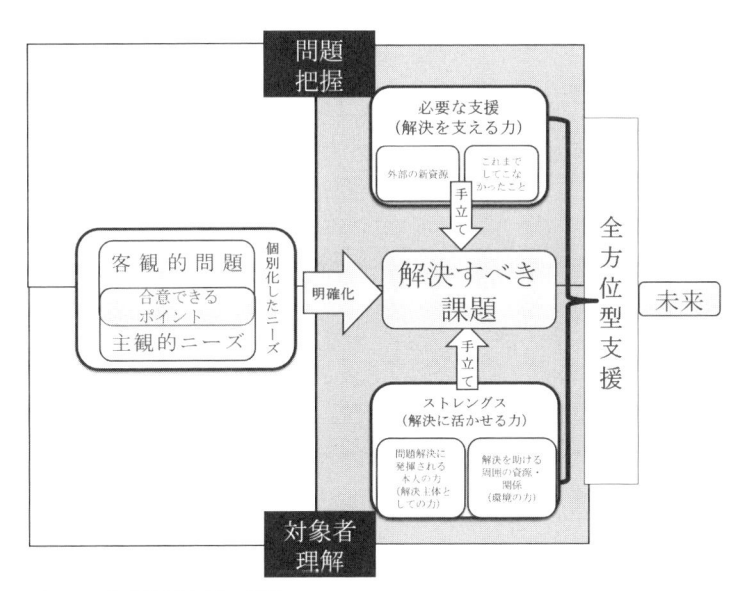

図 1-9　全方位型支援の展開

コラム 精神障害者支援にまつわる「困難」を解きほぐす

高木俊介

はじめに

　精神障害者の地域での支援は始まったばかりだと言ってよい。多くの支援者にとって経験が浅い分野である。そのために、精神障害者であるということだけで「困難事例」とされやすいのが、残念ながら現状である。それに対して、決してそうではないということを、まずは知ってほしい。筆者は本書の主題である「全方位型アセスメント」については理解が乏しい。そのようなわけで、「全方位型アセスメント」の具体的な方法に触れるのではなく、その一歩手前にある問題について述べた。一般論に傾きすぎているかもしれないが、大きな現状を知ることで、精神障害者支援における「全方位型アセスメント」の具体的な形をおぼろげにでも想像していただけると幸いである。

1　精神障害者のニーズを汲むということ
——生き方としての精神障害

　すべての支援は、相手のニーズを見極めることから始まる。このことが、精神障害者支援では一番難しい。精神障害者の支援では、支援者が無自覚のうちに「病気を管理する」ことにつながりやすくなってしまっているからだ。さらにもう一つは、精神障害の一番の特性がコミュニケーションの障害にあるので、話し合いによって支援者がニーズを見出し、それを互いに了解し合うことが困難なのである。

　しばしば精神障害者は、「わけのわからないことを言っている人たちだ」といわれる。理解することが難しいので、こちら側の決めた支援を押しつけるしかない。そして、それがしばしば支援者の善意のもとにおこなわれる。それに

対して当事者が不満をもち、支援に抵抗したり、支援者に攻撃的になったりすると、それは「彼の病状が悪くなったからだ」と解釈される。さらに管理的なマネジメントがおこなわれるという悪循環が生じる。

　だが、コミュニケーションの不得手を抱えて生きてきた精神障害者は、これまでも彼らなりに生きていこうとして様々な手段で自分たちの苦しみを訴えてきた。精神症状といわれる幻覚や妄想も、往々にしてその一つである。幻覚や妄想の背景に、これまで人生で受けてきた心の傷があるということを実践的に主張してきたのは、今話題になっているオープンダイアローグである。また、切羽詰まった状況で切実な思いを伝えようとしている人は、多くの場合、攻撃的な姿勢になる。このこともまた、精神療法の世界ではずっといわれてきたことである。

　支援者はこのような精神障害者の病状や態度の背景にある、切実な思いや不安を汲み取る感性をもたなければならない。それはとても難しいことではあるが、病状の激しさや攻撃的態度に動じず真摯に受け止めると、そこから信頼関係が生まれ、本当のニーズが表出されたり、汲み取れたりする。また、それまで理解できなかったまとまりのない精神障害者の言動に、彼らの思いやこだわり、さらには周囲に対する SOS が見えてくる[*1]。「全方位型アセスメント」にまでつながっていくすべては、ここから始まる。

2　精神障害者支援にとって医療と薬とはなんなのか？
──時には医療を疑ってもよい

　福祉系支援者にとってもっとも苦手意識が強いのは、精神障害の支援にとって必須といわれている薬物療法に関することだろう。毎日のように会っているヘルパーや施設職員は、事実上、服薬がきちんとできているかどうかを確認する支援を医療から期待されている。精神科の薬は、本人にとっては強制的に飲

[*1]　このような視点から精神障害者の回復を語ったのは、中井久夫の数々の著作であり、さらに実践現場での体験を語った希有の書として、横田泉『統合失調症の回復とはどういうことか』（日本評論社、2012）がある。

まされているという感覚が強い。実際、それまでの闘病の歴史の中で強制的な服薬体験が心の傷となっていることも多い。

それでも薬が病状の安定に役立っていることは多く、服薬の中断や早急な減薬によって調子を崩す人を、たいていの福祉系支援者は見ている。いきおい、福祉系支援者も薬を飲んだか飲んでいないかという監視的な視線になりやすい。しかし、薬について葛藤を抱えている当事者にとっては、そのような支援者の態度は支援ではなく管理者のように映るだろう。精神障害者の支援にとってもっとも重要な人間関係に、ヒビが入るのである。

現実には、精神科医や医療職が主張しているほどには、薬の効果は絶大でもないし、はっきりとしたものではない。明らかにしろこっそり隠れてにせよ、服薬しておらず病状ももちながらも、必要な支援を受けて生活できている精神病者は少なからずいる。反対に、大量の薬を毎日飲んでいても病状が不安定で、人間関係もつくりにくい人もいくらでもいる。支援者が薬を絶対視したり医者の言うことだから必要不可欠だと頭から決めつけたりするのではなく、医療や薬に対する精神障害者自身の葛藤につきあい、必要なら一緒に医者や医療職とかけあう姿勢があってよいし、精神障害者からの信頼を得ることにもつながる。

とはいっても、支援者が医療をまったく否定してしまうことは、患者をますます窮地に追い込むことになる。巷にはそのような急激な断薬、カルト的な代替医療やエセ宗教を勧める輩が溢れている。だが、貧困で乱暴な医療から受けた当事者の心の傷を受け止められるのは、地域の支援者の他にないだろう。福祉は医療のしもべではない。ときには精神障害者が受けている医療を、それが正当なものかどうか、疑ってみることがあってもよい。こうして医療との適切な距離感が摑めると、精神障害者支援に関する「困難」のかなりの部分が解決するはずだ。

3 支援者とそのチームをめぐる困難
——これが最大の「困難事例」である

地域での精神障害者支援には、医療と福祉を含む分野の違う多様な人びとがかかわる。地域でいわゆる「問題行動」があれば、地域の民生委員や学校の教

師などもチームに加わることになるだろう。当然、利害関係を含んだ葛藤、争いが起こる。地域全体が敵味方的な分断に至ることさえある。地域の人びとにとっては、問題行動の主である精神障害者は排除の対象である。当事者とその家族はもちろんのこと、利害関係の対立側にいる人びともまた、その地域の生活者だ。どちらかをないがしろにすれば、結局は弱い当事者が不利を被る。地域のニーズを無視して事を進めたとしても、その地域で24時間暮らしているのは当事者であり、その地域での生活が孤立してしまう。もちろんそうかといって、地域住民の要望にだけ従って動けば、誰を、なんのために支援しているのかわからなくなる。

　精神障害者の場合は特に、今起こっている葛藤や対立を、住民も支援者も当事者の病気・病状のせいにしがちだ。そうすると、精神病院に入院して治療してもらおうということになる。それで一見解決が得られたようにみえる。しかし、当事者の気持ちは無視されたままだ。このようなことを繰り返していると、精神障害者を支えるべき支援者の技術や気概はどんどん低下する。この悪循環から抜け出すことは、今の日本の精神障害者支援ではとても難しい。まずは、関係者のそれぞれと当事者が何に困っているのかということを話し合える場がもてるとよいのだろう。支援者の普段の地域とのつながりと、ケアマネージメントの力量が試される時である。

　さらに、そのような地域ぐるみの葛藤よりも日常的に見られるのは、対人支援専門職のチーム内部の葛藤である。ヒエラルキーが堅固で上からの指示だけで動いている組織では葛藤は起こらないが、そのような組織では、現場の支援者は障害者に対して自分が組織内部でされているのと同じように指示的にしか振る舞えない。そのような組織では人の管理はできても、支援はできない。現場の人間が裁量権をもって、その場その場で自らの責任をもって動いている組織では、よい支援を頑張れば頑張るほど、どうしてもチーム内の葛藤が起こってしまう。支援者それぞれが当事者の様々なニーズを受け取っており、その間に微妙なズレが起こるからである。これは、被支援者の内部にある多面性と葛藤が、支援者チームの中に現れているということである。被支援者が精神障害者の場合は、その多面性と葛藤が他の障害者に比べると、一般により大きい。それも精神障害の特性の一つである。

こういうときには、どの支援者の見方が一番正しいかという支援者内の競争になってしまったり、ある支援者の声のみが大きくなって、他の支援者が汲み取っている他のニーズが扱われないままにされてしまうということが起こる。こういうときの解決は、支援者チーム内部がいかに頻繁に被支援者について話し合い、人間が本来もっている多様なニーズを共有できているかということにかかっている。そのためにも、精神障害者のアセスメントが医療という上から与えられる一面的な情報に偏っていてはいけない。その人が、どのような環境で、どのような生き方をしてきたかという、ふくらみのある人物像を描けることが大事だ。それによって、精神障害者の多様なイメージとニーズを支援者が共有することが可能になる。

　支援者の葛藤には、支援者自身の傷つきという重要な問題がある。この問題は長らく、障害者を非難することになるのではないかと考えられて、支援者が向き合うことが忌避されてきた。しかし、障害者支援の多くがシステム化され、これまでにない多くの人が対人支援の仕事に携わるようになって、無視できないものになってきた[2]。対人支援職の離職の原因の大きな部分を占めている。精神障害者支援においては、支援の多くが心理的問題や人間関係のありようにかかわるために、より重要である。極端な場合は被支援者による暴力という問題も避けては通れない。

　これまでこの問題の多くは、被支援者の側の属性のために起こるとされてきた。精神障害者の場合はとりわけ、支援者の抱える困難は相手の精神症状の悪化に関係づけられてきた。しかし現実には、傷ついた支援者はその職務への忠実さと支援への熱意ゆえに、ひたすら自分を責める。このときに大切なのは、支援チームの中にその傷つきを受け止め、癒やすことができる対話の場があることだろう。だが、わが国の対人支援のシステムでは、チームの中にそのような余裕と安全を確保することが、人材的にも財政的にも難しい。これは今後考えられるべき課題であるが、障害者支援で「困難事例」について考えるときに

<hr />

　＊2　この問題をはじめて真正面から扱ったのは、渡邉琢『障害者の傷、介助者の痛み』（青土社、2018）である。ここでは紙数の関係で詳しく扱えなかったので、是非一読をお勧めする。

大切な視点だと考えられる。「困難事例」とは、支援者側の様々な困難の映し鏡でもあるのだから。

4　なぜ精神障害者支援は敬遠されがちなのか？
──その歴史的背景

　日本は精神病院大国[*3]である。これまで述べてきた精神障害者支援をめぐる「困難」はここから始まっている。日本の精神医療の歴史と現状を知っておくことは、この国で、地域社会で精神障害者がおかれている「困難」な立場を理解することだ。そして、そのことはとりもなおさず、私たちがおこなう支援の「困難」を乗り越えることにつながる。

　日本がずっと精神病院大国だったわけではない。そうなったのは戦後のことだ。戦前の日本は後進国民国家として、福祉制度が貧困だった。それが敗戦により、さらに財源もない。まずは経済を立て直すことが先決だ。そのために、石炭から石油へのエネルギー転換が急務であり、石油基地を中心とした重化学工業都市づくりが急がれた。炭鉱のあった山間部の農村から石油が運ばれてくる海岸沿いの工業地帯へと、急激な人口移動がおこなわれた。そのときに、農村地域で介護されてきた障害者と、発展する都市生活に適応できない障害者が、大量に施設収容されたのである。そして、当時は「障害者」ではなく「精神病」と呼ばれた人びとは、突貫工事で建てられ人手もない精神病院に集められたのである。

　その数、32万人。精神病院が1000を超え、32万ベッドをもつ精神病院大国が出現。都市部を離れて土地が安い山間部にあって厳重な鉄格子の窓のある精神病院は、病人、障害者のための施設ではなく、監獄と呼ぶにふさわしい収容所であった。そこに強制的に閉じ込められる精神障害者は、一般市民にとって犯罪者、落伍者とイメージされるようになる。

---

　*3　日本精神病院協会は「精神病院」という呼称は差別的なので「精神科病院」と医学的な呼称に変えることを要求している。そのこと自体は正当であるが、現実の精神科の病院はその収容所的性質を払拭できていない。ここではその意味を込めて、「精神病院」と書く。

高度成長が達成されて人びとの生活が豊かになると、海外の障害者運動の高まりの影響を受けて障害者解放運動が起こる。それによって、身体障害者の脱施設化が進み、知的障害者も今なお施設入居者が多いにしても、いわゆる「コロニー」の多くが解体した。しかし、精神障害者は病院で治さなければならない「病気」であって「障害」とはみなされなかった。しかもそれは犯罪予備軍ともなり得る不治の病だとされ、精神病院という収容所からの解放は遅々として進まなかった。精神障害者は怖い、何をするかわからない、精神障害者の言うことは理解できない、それゆえ精神障害者の支援は困難だという偏見、差別は、この国の戦後の歴史によってつくられたのである。

5　なぜ精神障害者の支援は敬遠されがちなのか？
——その障害としての特性

　精神障害とされる状態には種々のものがあり、それぞれの病状の軽重も実に様々である。誰でもが普通に感じる不安やうつ気分、ちょっとしたウキウキした気分も、その程度が極端になると精神障害の症状とされる。そうはいっても、その程度の極端さを計る客観的な指標は存在しない。あくまで本人が苦痛と感じたり、周囲が変だと感じるという、まったく主観的なものが基準となっている。もちろん、精神医学はその一つひとつを別の兆候と関連づけて、ひとまとまりにしたものを病気としている。しかし、それにしても、それぞれの兆候がまた恣意性を免れないのであるから、精神医学のたしかさというのはこころもとないものだ。

　何か一つのことへのこだわりも、また現実にはあり得ないものを見たり聞いたりする幻覚や、そのようなものを信じ込んだりする妄想も、たしかに一見奇異である。しかし、よくよく聞くとなぜそんなことを言っているのか理解できそうなことであったりするし、短い期間であれば誰でもが体験することですらある。

　それでもたしかに、その人の言動全体としては、まわりはどうにも見ておれない、放っておけないことはしばしばある。しかも、本人はまったく自分の言

動に疑いをもっておらず、まわりの心配をよせつけず、ときにはまわりのせいにして攻撃的になって食ってかかることがある。つまり、ことの程度や真偽はどうであれ、精神障害と呼ばれる状態に共通していることは、まわりの人びととのコミュニケーションがうまくいかないということだ。しかも、そのコミュニケーションの障害は、誰か特定の人とうまくいかないのではなく、本人以外のすべての人びとと齟齬している。その結果、彼と社会全体との断絶が生まれる。

　これはつまり、精神障害者であるということは、差し伸べる支援の手が届かないほどに孤独な人たちであるということだ。そして、その孤独は社会的な孤立につながっていく。だが、孤独にも孤立にも安住して助けを拒んだまま生きていける人間は、いない。精神障害者もまた、そうであるはずだ。そこに、コミュニケーションが再生する機縁がある。

6　なぜ精神障害者の支援は敬遠されがちなのか？
──その病気としての特性。

　精神「障害」者は、長い間、障害ではなく、精神「病」者とされてきた。社会生活上の福祉「支援」の対象ではなく、医学によって解明され治されるべき「医療」の対象であった。病気が治るまでは、あるいは治せる方法が発見されるまでは、病院に収容されているべき「不治の病」だったのだ。その不治の病が、治療だけではなく「支援」の対象とされたのは、治療が進歩したからというわけではない。1993年の障害者基本法の成立によって、いきなり法律上「障害者」施策の対象になったのである。それは理念的には正当なことであったが、そこで病気と障害の違いが明確にされたわけではない。その結果、法律によって障害者としての権利を獲得したものの、あくまで病気の治療が先にあるのだという考え方が根強く残ってしまった。医療の監督や指導のもとに福祉がおかれることになったのである[*4]。

　そもそも、どのような病気であっても、それによって社会生活に支障が起これば、それは福祉的かかわりの対象と考えてよいはずだ。短期間での治癒が見込まれる病気が福祉にかかわりがないのは、たまたまのことである。それなの

に、精神障害は疾病であって医学の対象であるとされ、福祉的援助を受けることなく長期にわたって精神病院に収容されてきた。それは、精神障害が福祉の対象とされるより以前に、社会にとって忌避と排除の対象だったからだ。このような見方は、根底のところでは今も変わっていない。

　精神「障害」では、実際のところは、疾病と障害は単純に区別できるものではない。まず、第一に、ほとんどすべての精神障害は、その医学的原因がわかっていないということがある。たとえば、医学は統合失調症という精神障害について、それは脳のドーパミンという物質が増えすぎているために起こっていると説明するし、うつ病についてはセロトニンという物質が欠乏しているためだと説明している。なので、その原因となっているドーパミンやセロトニンを薬によって調整することで治療しているのだ、と。実際、ほとんどの福祉支援従事者はそのような説明を受けているだろうし、当事者やその家族もそう言われて医療を受けること、薬を飲むことが最も大切だと信じている。もちろん医療従事者自身も、そう信じて疑わない。ところが、実際は、ドーパミンやセロトニンという物質のアンバランスによって病気が生じているという証拠はまだ得られていない。それらは、あくまで仮説のままなのである。

　現実に、薬をいくら飲んでいても幻覚や妄想のような病気の症状が治まっていない、薬の服用前とまったく変わっていない精神障害者は多い。うつ病などでは特にそうだが、医療を受けたり薬を飲んだりせずに治っている人も、たくさんいる。こういう人たちが、なぜ薬と関係なく良くなったり悪くなったりするのかということは、医学がもっと丁寧に調べていかなければならないはずだ。しかし、実際にはそのような研究はなおざりにされている。医療にかかって薬を飲んだから治ったという人たちにしても、本当のところ、医療を受けずにいたらどうだったのかはわからない。

＊4　医療とはあくまで福祉の一部である。福祉的な支援が先にあって医療的処置が生きてくる。このことは本来どのような病気であっても同じであり、保険制度という経済的なセーフティネットがあってはじめて医療による改善が意味のあるものになる。わが国ではその考え方が逆転している。特に精神障害ではそれが著しい。また、いまだにコロナ禍の影響から抜け出せずに過剰な感染対策にこだわっている社会もそこに起因している。

それでも、現実生活を営んでいくうえで、多くの精神障害者がなんらかの困難を抱えている。その困難は、原因となっている人間関係を調整したり、生活のしづらさを援助したりすることで軽減することがある。これは身体障害者の場合、たとえば車椅子の障害者が階段しかない建物にエレベーターがつくことで、障害による困難が軽減するのと同じことである。精神障害の場合、その障害の重荷の軽減が、疾病自体の軽快につながることも多い。つまり障害に対する福祉的支援が、疾病を医学的に軽減、治癒に導くのである。このような、現実的には様々なところで起こっている障害と疾病、福祉と医療の相補的な関係を、筆者は精神障害の「疾病・障害複合」と名づけている*5。

おわりに

　以上のように、わが国の精神障害者支援が直面する状況は、1）コミュニケーションの障害がとりわけ目立ち、孤立しがちである、2）精神病院への長期収容が続き、差別と排除のもとにおかれている、3）福祉よりも医療に重点がおかれており他の障害に比べて支援が困難だと考えられがちであることである。支援の対象である精神障害者は、つくられた差別・偏見のもとで、周囲とのコミュニケーションが妨げられて、社会から孤立している。つくられたものであれば、壊すこともできるはずだ。
　そのためには、精神障害者の地域生活支援は、人間関係や生活に根づいた援助によって、孤独を癒やし、孤立を防ぎ、病気にもよい影響を与えるものでなくてはならない。それは一見、他の障害の支援に比べてひどく困難なものにみえる。しかし実はこれらのことは、障害のあるなしや区別にかかわらず、あらゆる対人支援という営為の根底にあるはずのものである。であるならば、精神障害者支援こそ、基本的なことが大切であり有効だということだ。

---

*5　「疾病・障害複合」については、高木俊介『ACT-K の挑戦：ACT がひらく精神医療・福祉の未来』（批評社、2017）に詳しく述べた。「疾病・障害複合」は突き詰めればあらゆる病気に対して言えることであるが、精神障害の場合はとりわけ、福祉に対する医療の優位性が固定してしまっているために、このように考える意味があると思われる。

対人支援をよりよいものにするためは、支援者側の繊細な感受性や、共感する力、人を支援することが自分の喜びであるような支援者自身の生き方が必要となる。このことは精神障害者支援に限ったことではないが、特に精神障害者支援の場合には、これまでに述べたような歴史と現状が障害者自身のニーズを見えにくくしているために、よりたしかに必要となるものである。この点については、精神障害者支援は人を選ぶというしかない。しかし、その適性は決して生得のものではなく、支援の現場に身を投じるうちに育まれ得るものである。そしてそれは、支援者自身の人生を豊かにしてくれるものでもあろう。

たかぎ・しゅんすけ………1957 年生まれ。1983 年、京都大学医学部卒業。同年より精神科医として働く。山の中に隠され社会と隔絶されて鉄格子に囲まれた、日本の社会に染みこんだ差別の象徴としての精神病院で 10 年、象牙の塔と呼ばれ現実とは隔絶した教育と研究しかせずとも社会に君臨する大学病院で 10 年勤務。2004 年に、重度の精神障害者の地域生活を多職種による訪問で支援する ACT（包括型地域生活支援）をはじめる。現在は対人支援のチームはどうあるべきかを考えているところである。著書に『ACT-K の挑戦：ACT がひらく精神医療・福祉の未来』（批評社）などがある。

2章　実践編

全方位型アセスメント・支援を
活用した事例検討会の進め方

1 事例検討会を実践する際のポイント

本章では、全方位型アセスメント・支援を活用した事例検討会を読者にイメージしてもらうために、模擬事例検討会を誌上で再現する。さらに、将棋の大盤解説のように、その時々のポイントを解説する。

なぜこの質問がなされたのか、それによってどのような効果が生じたのか、といった重要ポイントが理解できるだろう。参加するだけでは今一つわからなかった質問の意図や、進行役への苦手意識やつまずきを解消する材料が豊富に得られるはずである。

手順① 導入：
趣旨説明、守秘義務やグラウンドルールの周知徹底、自己紹介

進行役（土屋） それでは、ただいまより事例検討を始めます。

本事例検討は、全方位型アセスメント・支援の手法を活用することで事例の問題点を把握し、問題の構造を理解・課題化し、具体提起方法と役割分担までをみなさんと一緒に検討するものです。

事例検討を実施する際のグラウンドルール[1]は以下の内容になります。

1）事例はみんなで考え、全員が発言する
2）誰かを責める会にはしない
3）人の話はさえぎらない
4）事例提供者の支援内容を否定／批難しない
5）進行者の指名には答える
6）事例提供者をねぎらう

多職種の視点を出し合い、事例をそれぞれの専門的な視点からアセスメントすることが必要となるので、参加者のみなさん各自の専門性を意識しながら発言してください。よろしくお願いします。

事例検討会参加者の顔ぶれ

参加者氏名	所属・基礎職種・所属先での立場
伊藤健次（事例提供者）	介護支援専門員、介護福祉士社会福祉士
竹端　寛	兵庫県立大学。福祉社会学者。支援者のスーパーバイズ経験多数
青木志帆	弁護士。自治体の福祉・保健部署で勤務し法律相談を受けてきた
守本陽一	総合診療医。地域の中で、病院には解決できない問題に取り組んでいる
土屋幸己（進行役）	社会福祉士。市町の福祉アドバイザーやアセスメント研修を実施している

手順② 事例提示：
事例概要の説明・補足、提出理由の確認、検討課題の明確化

伊藤 今回は、実際に介護支援専門員がかかわった事例を基に加工し、出版用に事例を作成しました。テーマ[2]は、「本

人の希望していることやそのやり方が最善とは思えないケースへのかかわり方」です。

事例概要の説明（10分程度）

続いて事例報告シートに沿って事例の概要や本人の状況等を提供者から説明してもらう。事例概要の説明に関しては、Ａ４で１〜２枚程度にまとめたものを読み上げる、または若干情報を補足してもらいながら説明をしてもらう[3]。事例概要説明が終了した時点で、事例提出理由に関して説明してもらう。

本人の状況等

Ａさん	71歳、男性、要介護3（Ｚリハ病院転院時、現在はADL向上）
Ｃさん	77歳、男性、要介護1 精神障害者保健福祉手帳3級 亡妻の兄
地域特性	地域一帯は寒冷で農業に不向きだったことで養蚕が盛んで、豊富で綺麗な湧き水を活かし、古くから織物の名産地として知られ、地域の中心都市であった。現在は伝統の織物や観光が主な収入源である。機織りで羽振りが良かった時代もあり、自宅もかつてにぎわった商店街の一角にある。

伊藤 事例提出理由は「本人の思いが強く周囲の心配をよそに思いを貫こうとしているケースであり、どのようにかかわってゆけばよいのかがわからなくなっているため、状況を整理したい」です。

◆1　グラウンドルール
自主グループなど固定メンバーでおこなう際は新メンバーが加わる際に改めて確認する。参加者が変動したり、事例検討に慣れない参加者がいたりする地域ケア会議・重層的支援会議などは毎回冒頭で確認するほうがよい。

◆2　テーマ
事例概要を説明してもらう際には、先に事例のテーマを述べてもらう。このことにより事例提供者がこの事例に関してどこに問題意識をもっているのかが関係者と共有される。このケースでいえば、事例提供者と本人の間にずれがあることがわかる。「最善とは思えない」ということは、事例提供者は「もっとよいものがあるのにそれを受け入れてもらえていない」と感じており、そういった「ケースのかかわり方」を検討したいと思っているということは、なんとかして「事例提供者にとっての最善」を受け入れてもらう方法がないかを知りたがっている可能性が高いことが想像される。

◆3　説明の際のポイント
詳細な事例報告シートがあると、読むことに集中してしまったり、事例に対する先入観が生じてしまったりするので、現状の概要のみを伝えるようにする。不足している情報に関しては、次の情報収集のセクションで質問してもらうようにする。

　本人は 70 歳代前半の男性。義兄 C さんと同居生活を送っていたが、糖尿病の血糖値のコントロールができないため 2 週間の予定で X 病院に教育入院、入院中に認知症のようなつじつまの合わない言動や物忘れが出現。頭痛と手足が動かないとの訴えがあり、検査の結果慢性硬膜下血腫が見つかり、Y 大学病院に転院し手術、1 週間後に血腫の再発が見つかり 2 カ月入院延長、その後 Z リハビリ病院に転院し、退院後を見越して病院の勧めで介護保険を申請し要介護 3 の判定、Z リハビリ病院では 3 カ月間のリハビリをおこない退院した。

《入院中の状況》

　ADL は改善、病院内での生活動作はほぼ自立、もともと手先が器用で折り紙などもきれいに仕上げる、おしぼりや洗濯物をきれいにきっちりたためるが大便の後始末は拭ききれていないので職員が対応している。糖尿病による視力低下があり細かいものは見えにくいが日常生活に影響はない。入院中は食事管理と服薬にて血糖のコントロールは良好（直近の検査数値 HbA1c 6.5%）。

《退院後の様子》

　退院前に自分で想像していたほど自宅では動けず、混乱し落ち込んだ時期もあったものの、少しずつ自宅で生活する自信を取り戻している。一方で経済的な不安を理由に、自分のサービスだけでなく義兄のサービスも減らし自分が世話すると主張、事業所に連絡して断ってしまった。

　ケアマネとしては・意思表示ができなくなったときに本人の意思を代弁できる人がいないこと、医師から運転はもうやめるように言われたのに、自己判断で運転を再開していること、など今後の生活に対する不安が多くあり、本人にそれを伝えているが、本人は取り合おうとしない。

　本人の希望：兄（〇〇ちゃんと呼んでいる）は何もできないから、面倒を見ることを妻に頼まれた。自分が見てやらなきゃならない、それが自分の務めだと思っている。

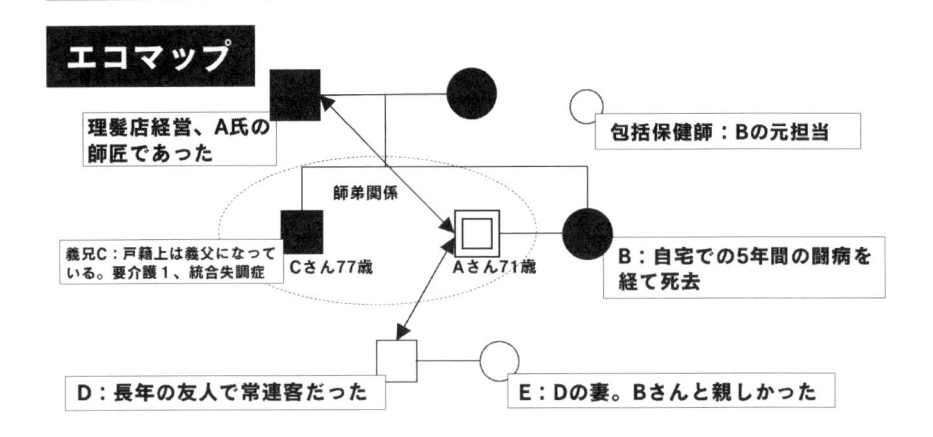

エコマップ

理髪店経営、A氏の師匠であった

包括保健師：Bの元担当

師弟関係

義兄C：戸籍上は義父になっている。要介護1、統合失調症　Cさん77歳

Aさん71歳

B：自宅での5年間の闘病を経て死去

D：長年の友人で常連客だった

E：Dの妻。Bさんと親しかった

この事例では、本人が自分の主張をあまりにも強く訴えるため、まわりの支援者がそれに対応することに困難を感じています。支援者のニーズと本人の思いが乖離していて、支援者側もよかれと思っていろいろと提案するのですが、頑なに拒否されています。

検討課題(何を検討したいのか)は、「本人の希望するやり方ではうまくいかない状態において、援助者はどのように対応すればよいかを検討したい」です。

手順③　情報確認：
質問による情報収集

進行役　それでは、説明していただいた事例概要をもとに、検討を始めていきます。本日の研修会では、検討課題である「本人の希望するやり方ではうまくいかない状態において、援助者はどのように対応すればよいかを検討したい」ということを意識しながら、事例検討を進めたいと思います。

まず初めに、アセスメントを進めるうえで事例概要では提示しきれていない情報を補足していきたいと思います。参加者のみなさんから事例提供者に対して一問一答の形で質問◆4 をしていただきます。その際、質問の趣旨を端的にお伝えください◆5。また、一問一答が原則ですが、その質問に関連する質問であれば、続けての質問も受け付けます。

情報収集（30分）

事例提供者から、事例をアセスメントするうえで必要と思われる情報を収集する。事例検討会参加者が、必要と思われる情報に関する質問をして、事例提供者が回答する。回答の内容を板書者がホワイトボードに記入する◆6。

質問は一問一答形式で進行者が進める。その際、参加者は自身の専門性を意識して簡潔に質問する。事例提供者が質問に回答できない場合は、必要に応じて後日情報を収集する。十分な情報が集まらないと、アセスメントに反映されないため時間をかけておこなう◆7。

◆4　一問一答
立て続けに質問すると趣旨が不明確になったり、やり取りが長くなってしまうため。初回は全員が発言できるよう順番に指名することも有効。一巡したら挙手で質問してもらう。

◆5　端的に質問するスキル
多職種と連携する際にも非常に重要。出席者にとっても面接スキルや連携スキルを磨くよい場になる。

◆6　板書の必要性
検討の経過が可視化される。遅れて参加しても、板書を確認することで追いつけるし、議事録をとらなくても板書を撮影すればよい。

◆7　情報が不足しているとき
無理に続行しても得られるものは少ないため、「どんな情報が必要か」を明確にする意見交換に切り替える場合も。たとえば経験の少ない人が事例提供者である場合、援助においてどのような情報が必要なのか、またそれはなぜなのかを学べる。事例提供者が自ら気づくことを重視しておこなうことで、スーパービジョン的に人材育成を行うこともできる。

進行役 それでは、これから情報収集に移ります。まず、参加者の方から質問を受け付けます。最初の一巡は順番で指名します◆8。その後は質問のある方から質問を受け付けます。質問の際は、質問の趣旨を端的にお伝えください。また、一問一答が原則ですが、その質問に関連する質問であれば続けての質問も受け付けます◆9。

竹端 本人は、義兄のことを世話をすることが義務で嫌と思っているのか、ぜひともしたいと思っているのか、どちらでしょうか◆10？

伊藤 嫌というよりは、世話をすることが自分の役割と感じているようで、それは妻から頼まれたということが大きく影響しているようです。

竹端 関連して、それに対して負担感は感じていないのですか。

伊藤 義兄の世話がつらいとか、どこかに預けたいとかいう話は聞いたことはありません◆11。

守本 症状についての質問です。この方は慢性硬膜下血腫ということで手術をされていますが、手術をしたことで認知機能の低下やその他の機能は徐々に回復していくと思われますが、それ以外の認知機能低下を来すような病気について、専門医による診断があるのかどうか。
　今現在の認知機能の低下（便が拭きき

れない等）がBPSD等から来ているのか、長期入院による廃用症候群から来ているものなのか、そのあたりの情報があれば教えてください◆12。

伊藤 入院当初の混乱は今は落ち着いていて、入院による一時的なせん妄症状ではないかというのが退院時の医師の見立てです。なので、認知症の専門医の受診はしていません。もともと糖尿病の治療が必要であったという情報はありましたが、それ以外の認知症状に関する情報はありませんでした。今現在、病院からも認知症状に関する治療や受診の必要性は示されていません。硬膜下血腫と糖尿病の治療の継続の指示は出ていますが、それらの改善がひと段落したうえでの退院との説明を受けています。

守本 ということは、今後様子を見ていくことで認知機能の改善が見られるようになれば、一時的なせん妄だったということになるのか、改善しない場合は他の原因があるのかということになるのか、その見極めの途中の段階にあるということでよいですか。

伊藤 はい。ただ病状のことや、運転をしないほうがいいという医師からの説明に対して、本人は話を聞いてはいますが、行動としては改善できていないという現状があります。本人が自分の思いや行動を変えることができず対応に苦慮しているところがあり、それが認知機能的なところからきているのか、そうでないのか

はケアマネとしては判断できません。

守本 運転はしてはいけないという意見がありましたが、その根拠はなんですか？

伊藤 根拠については、病院から確認できていません[13]が、視力も悪く、よく見えていないようです。これらは相談員からの情報です。

青木 運転をやめたほうがいいという理由は視力低下だけですか。身体的な理由等はありませんか。

◆8　発言の順番
場の空気が堅い、初参加の人が多い、などの場合は慣れている参加者に口火を切ってもらうのも◎。全員が質問することで傍観者的態度での参加者がいなくなる。

◆9　連続した質問
質問が降り注ぐと事例提供者が疲弊するので、関連する質問を続ける配慮は有効である。

◆10　クローズな問いかけ
二つから選ぶクローズな問いかけは回答しやすいが、事例提供者の心理的な準備が整っていない場合には答えにくい可能性もある。

◆11　根拠がないとき
援助者が「聞いたことがない」ことは、本人が「世話がつらくない」と考えていることを裏づける根拠にはならない。事例提供者がこれまでそのような発想を持っていなかった場合には、気づきにつながる。

伊藤 病院側からは特に情報は得られていません[14]。ケアマネとしては、実際によく見えていない状況は確認できますし、車体は前後左右こすっていて、傷がついています。この状況を見ると心配ですが、入院以前からこの状況だったようです。人身事故は起こしていません。

◆12　医師からの質問
長めではあるが、医師の専門的見地からの解説的要素も含めた質問になっている。スーパービジョンを重視した事例検討では有効に作用するが、カンファレンス的な要素が強い場合はもう少し端的な表現でもよい。（例：脳の状態について専門医の受診や診断はありますか？あれば、今の状況に対して医師はどのように判断していますか？）

◆13　事例提供者への配慮
事例提供者が情報をもっていないこともある。今回の事例では、介護支援専門員が担当したのは退院してからなので、その前の情報については得られない。そうした場合に質問を受けた事例提供者が攻められている感覚をもちやすいので、聞き方に配慮が必要になる。

◆14　根拠を確認する重要性
先ほどに続いて根拠を聞かれてしまい、やや苦しく感じている。ただ、事例検討でこうした経験をすることで、禁止事項をただ情報として受け取るだけでなく、根拠なども合わせて確認する必要があることに気づいていく。定期的に事例を出し検討することにより実践力が向上する場面であり、成長が得られる。

竹端 Ｃさんはいつ頃からなぜＡさんと同居を始めたのか、なぜ妻の兄が戸籍上は義父になっているのか、情報があれば教えてください。

伊藤 なぜ義父になっているのか、情報はありません[15]。想像としてはＡさんは理髪師で、もともと妻の両親が理髪店を経営しており、そこで働いていたという経緯があるようです。そのような関係性の中で、師匠の娘である妻と結婚をして理髪店を引き継ぎ、義兄は当時から同居していたので、そのまま面倒を見ることになったようです。相続関係の問題で養子縁組をされたのではないかと推測されます[16]。

竹端 ということは、現在の住居はもともとＢさんの父親のものであったものを、そのまま引き継いでいるということでしょうか。

伊藤 だいぶ以前に店舗兼自宅として引き継いで住んでいたということを聞いています。現在の名義等[17]に関しては確認できていません。

守本 本人の貯蓄はどのくらいありますか。

伊藤 収入面は老齢福祉年金(国民年金)で貯蓄は把握できていません[18]。義兄の年金も管理していると本人から聞いています。

守本 本人が金銭的な不安を語っているエピソードはありますか[19]。

伊藤 妻Ｂの闘病のときからお金の心配をし始め、包括に訴えていたそうです[20]。その際は、包括が療養費等の申請を支援したので入院費等は対応できたようですが、お金にはこだわっていたそうです。現在の収支に関しては、本人から聞き取れていない状況です。

進行役[21] 義兄の生活歴について、いつごろ発症したのか、最終学歴、就労歴等[22]情報があれば教えてください。

伊藤 それらに関して正確な情報はありません。就労経験はなかったようです。発症時期も不明ですが、家族がずっと面倒を見てきたようです。それをＡさんは引き継いでいる。「義兄は自分で何もできない人なので自分が面倒見る」と言っていました[23]。

進行役 すると外部からの支援、たとえば障害の相談支援等は今まで入っていなかった[24]ということですね。

伊藤 おそらく障害の支援は受けていないと思います。福祉手帳・障害年金２級だけは申請し受給していますので、過去にはかかわっていたかもしれません。

青木 義兄ですが、Ａさんが糖尿病等で長期入院している間、支援なく一人で生活する能力はある方ですか[25]。

伊藤 自分だけで生活することは難しいと思います。当時は、配食サービスやホームヘルパーを導入してデイサービス利用もおこない、安定した生活を送っていたようです。

◆15　重要な情報は放置しない
把握していないことを聞かれるのはしんどいが、義兄が義父となる経緯には、この家族が置かれている状況や構成員の関係性に大きな影響を及ぼしているはずである。事例提供者に配慮しつつ慎重に確認すべきポイントである。

◆16　推測を述べる場合
事実と推測は区別し、推測を述べる場合はその根拠も含めて提示する。事例提供者が区別して述べていない場合は確認する必要がある。

◆17　人生の大きなポイント
相続はそのときの家族の関係性や判断基準、価値観などが反映される。「その家の物事の決め方」を把握することは、意思決定を支援する際に重要。結婚、離婚、新築、転居、就職、転職など人生の大きなイベントはポイントになることが多い。

◆18　答えられないときのサポート
答えられない質問が続き、苦しく感じている。スーパービジョンの場合はどのような確認方法があるかを提示しフォローする。たとえば介護保険などの費用負担割合、納税額、乗っている車の車種、服・靴・装飾品などから大まかな推測が可能である。生保受給者であれば必ず資産調査がおこなわれているので、生保ワーカーが情報をもっている。連携によって確認できる場合も。

◆19　貯蓄額がわからないとき
この質問から推測できる。複数の確認質問をすることで、一つの聞き方では得られない情報を引き出すことができる。問われることで質問者も気づきを得るため、質問にバリエーションをもたせることは重要。

◆20　情報を意味づけする
質問によって意味づけがされていなかった情報に意味が与えられ、アセスメントが深まっている。このようにエピソードで聞く方法は事例提供者の記憶を想起させるので様々な場面で活用できる。

◆21　ファシリーテーションポイント
場の流れの中で重要なポイントでは進行者が介入して交通整理をしたり重要ポイントの念押しをしたりすることで、よりスムーズな事例検討につながっていく。ここでは義兄の年金管理を本人がおこなっている、同居している、養子縁組している、義兄の世話を自分の役割だと思っている、など義兄と本人とのかかわりに関する情報が多く集まっており、義兄が本人に与える影響の大きさが想像される。そのため重要な登場人物としての義兄の能力を把握できる質問を加えている。

◆22　最終学歴、就労状況
義兄の病気や疾患に関する経験値、知的能力、発揮できる能力についてつかむことができる。こうした状況では兄に関する情報は本人経由のものに限定されがちである。もし、本人の認識に偏りがある場合には援助者側も誤った見方をしてしまう恐れがある。情報の正確さが担保されない限り単一の情報源に頼るのは危険なので、本人の兄に対する見方に加えて、客観的事実や専門職の観点を対比させてみる必要がある。

伊藤　Bさんが存命中にBさんにかかわっていた支援者等が心配してそのような手配をしてくれたようです。むしろ、Aさんが面倒を見ているときより安定した生活を送れていた様子◆26でした。なので、ケアマネとしてはAさんが自分で面倒を見るという思いが、義兄に対しては逆に作用しているような気がします。

　せっかく義兄に対してサービスが入っているのに、Aさんの退院に合わせて、義兄の利用しているサービスをすべて解除して、今まで通り自分が面倒を見ると強く主張され、支援者がそれに押し切られたといった状況です。

　支援者側としては、義兄に対して障害のサービスを利用する支援体制のほうが望ましいと思っているのですが、Aさんにとっては自分が面倒見ることが好ましい状況であり、まさに支援者が考えるニーズと本人のニーズが乖離している状況です。

進行役　義兄が福祉サービスを利用された際の支払いは、誰がおこなったのですか◆27？

伊藤　この当時は、Aさんが義兄に対する成年後見人の導入に賛成したので、義兄の年金から利用料の支払いをしていただきました。しかし、退院後はAさん自身がおこなうので義兄のキャッシュカード等もAさんが管理している状況のようです。

青木　成年後見人とは、誰の成年後見人ですか。

伊藤　義兄のです。現在、成年後見人がどの程度関与してくださっているかは確認していません。成年後見人ではないAさんが義兄の年金管理をしているというのは事実です。

竹端　Aさん自身の思いは、「自分は義兄とうまくやれているので、まわりの人はもうかかわらないでほしい」と思っているのか、「義父や妻から義兄のことを託されたから自分が面倒を見なければならないと必死」なのか、そのあたりについて、ケアマネとして感じること◆28があれば教えてください。

伊藤　自分の役割であるし、自分はきちんとできているのだから他人に介入してもらわなくても大丈夫だと思っているのだと思います。何か支援を提案すると「できているので大丈夫です」◆29とよく言われます。なので、Aさん自身の認識では自分はきちんとやれていると考えていると思います。

竹端　では、支援にかかわっている人は、現状をどのように見ているのでしょうか◆30。

伊藤　医療関係者からは、生活面に関する意見は特に出ていません◆31。ケアマネとしては義兄への対応はAさんがおこなうよりもAさん入院時のように障害サービスを利用したほうがずっといい

と思っています。現在、食事はＡさん
が用意していますが、栄養状態もコンビ
ニ弁当中心で偏っています。

守本 現在の生活状況に関して義兄はど
のように感じていますか◆32。Ａさんに
対する不満をもっていますか。

◆23　本人の主観を示す発言
本人が義兄の能力をどうとらえてい
るかを示す発言。ただし、本人がそ
うみなしていても実際に何もできな
いのかどうかは確認する必要がある。

◆24　ファシリテーションポイント
支援体制についての確認など、事
例のポイントとなる部分が話題に
なった場合は話題がそれていかない
ように進行役が質問をおこない、押
さえていく場合もある。事例提供者
は義兄の支援者ではないが、本ケー
スでは義兄と本人の相互的な関係
性が大きく影響することが想像され
るため、義兄についての情報収集
も重要。可能であれば義兄の支援
者の出席も望ましい。

◆25　本人以外の支援者の存在
見落としがちであるが、本人が入院
中に義兄は自力で生活できていた
のかは、義兄自身の力や本人以外
の支援者の存在を確認できる重要
なポイントである。事例提供者は情
報としてはもっていてもその意味を
認識していない場合があり、そのこ
とを質問されることで重要性を認識
することになる。

◆26　複数の情報を比較する
過去の事実から義兄の生活能力が
ある程度正しく推測される。複数の
情報を比較することにより、事実を
明らかにしていく。

◆27　ストレングスの推測
Ａさんは義兄のことを「何もできな
い人」とみなしているようだがが、
Ａさん入院中も健康に過ごすことが
できているという「実績」、つまり義
兄のストレングスを推測できる。

◆28　本人の主観を捉える
Ａさん自身の思いをケアマネがどう
理解しているかを確認する質問。義
兄についての質問が続いたが、そ
のことと事例提供者の援助対象者
であるＡさんの思いやニーズをつな
げるように方向づける効果がある。

◆29　発言をそのまま用いる
本人の言葉を言い換えてしまうと、
支援者の主観が入りったりして発言
者の意図や想いとずれてしまう恐れ
があるため、当事者の発言をそのま
ま用いてもらうことが重要。

◆30　本人と支援者の認識
Ａさんの認識と、援助者の認識を
対比させる質問である。当事者と
援助者の間にずれがあるとそのずれ
が援助上の問題を引き起こすことは
よくあるため、この質問により問題
のありかが見えてくる。また、事例
提供者がそのずれを認識しているか
どうかの確認にもなる。

◆31　入院時との比較
入院時の様子と現在の様子を対比
させることで、生活環境の変化とそ
の影響を把握することができ、現在
の生活に欠けてしまっている要素が
浮かび上がることがある。

◆32　義兄の主観を確認する
本ケースにおいて直接的な援助対
象者はＡさん本人であるが、義兄
も援助を必要とする状態にある。両
者が共に暮らし、過去からの経緯
が現状に作用している場合は双方
の確認が必要になる。

伊藤 義兄は、Ａさんの過干渉が嫌な様子です。Ａさん入院中は安定していたのですが、退院して二人の暮らしに戻るとかんしゃくを起こして不安定状態になるなど、今までなかったような状況◆33 も見受けられます。むしろ、Ａさんの入院中のほうが穏やかに暮らせていたというのが、支援者の見方です。実際に、義兄の口から思いを聞いたことはありませんが……。

進行役 今の話に関連しますが、本人入院中と現在とで、義兄に対するサービス量の違いは具体的にどう変化していますか。

伊藤 入院中はデイサービス（定期利用）、配食サービス（週５回）、ヘルパー（配食なしの日）を利用していましたが、現在はＡさんがすべてのサービスの利用を中止しています。私は義兄の担当ではありませんが、今まで通りの支援を継続したほうがいいと思っています。

進行役 義兄の栄養状態はいかがですか。身長・体重◆34 がわかれば教えてください。

伊藤 義兄の情報はもっていません。

青木 車の関係◆35 で、先ほど前後左右に擦り傷が多々あるということでしたが、それを修理されていない理由はなんなのでしょうか。

伊藤 聞いたことはありません。

青木 自動車保険（任意）の加入状況は。

伊藤 車検は有効ですが、任意保険加入は確認していません。

竹端 ケアマネさんはこれまでに義兄と話をしましたか。

伊藤 挨拶程度です。Ａさんが義兄とかかわることを嫌がるため、義兄と挨拶をしているとすぐにＡさんが割って入ってくるのです。義兄に関しては健康状態等を確認しようとしても見た目を確認する程度しかできません。

竹端 ケアマネさんから見て、義兄はＡさんがいなくても生きていけそうだと思いますか。一人暮らしも、サービス導入することで可能だと思われますか。

伊藤 義兄は、生活能力はかなりあると思います。逆にＡさんの存在がブレーキをかけてしまっているように感じます。本来であればＡさんの過干渉がないほうが、能力が発揮できるのではないかと思います。

竹端 それは、どのあたりから感じられますか◆36。

伊藤 Ａさんの入院中、全く問題なく過ごせていたことやＡさんの退院後のほ

うが生活の安定性が崩れている点から、そのように感じます。

進行役 義兄は定期通院等はされていますか。

伊藤 把握していませんが、Aさんは通院の面倒を見ていると言っていました。

守本 Aさんが入院する以前のAさんと義兄の関係性◆37 は、どのような状況でしたか。

伊藤 入院後からの担当なので以前はよくわかりません。表立った困りごとは起きていなかったので、関係者も把握していない状況です。

竹端 そのあたりのことは、従前からかかわっていた包括保健師に聞けばわかることですか◆38。

伊藤 包括保健師はBさんの担当者だったので、義兄に関する情報はもっていると思います。

青木 Aさんに子どもはいますか。

伊藤 子どもはいません。

進行役 ちょうど30分経ったので、情報収集は終了いたします。

◆33 過去にないできごと
問題の進行を意味することが多いので着目すべき。病気の初期症状のようなもので、早期対応で大ごとになる前に収束することも可能。

◆34 定量的なデータの確認
介護場面ではあまり重視されないが、誰でも誤解なく確認できる数値的な情報を共有することで変化を把握することが可能になる。

◆35 ファシリテーションポイント
質問の方向が変化しているので、司会が「義兄に関する質問はもうよいですか?」など確認をし、質問があちこちに飛ばないように整理してもよい。実践では「おおよそこの話題はもう大丈夫」という空気ができて次の質問に移行していくことも多い。

◆36 根拠を確認する質問
この質問で事例提供者の能力の一部を読み取ることもできる。事例提供者には自明に思えることでも参加者にはわからないこともあるため、臨床像の理解のために判断の裏づけとなる情報を確認することが必要になる。スーパービジョンの観点からいえば、根拠を聞かれることで自身の思い込み・決めつけなどが生じていないか確認し、確認すべき事柄を学ぶ機会にもなっている。

◆37 時系列を変えた質問
過去からの経緯は現在・未来に大きな影響を及ぼす。もともとよかったのに今悪いのであれば、いずれかの時点で何かが生じて関係性が悪化したことになる。

◆38 ヒントの提供
「この人に聞けばわかる」というヒントの提供になっている。

進行役　続いて、収集された情報から問題点を抽出していきたいと思います[39]。問題点というのは「あるべき姿と現状との負のギャップ」、すなわち改善を必要とする現状を言語化したものが問題点となります[40]。

　本人の問題もあれば環境の問題もありますので、最初は自由に問題点を出していただければと思います[41]。問題点を出していただく場合は、主語を付け簡潔に表現する[42]ように努めてください。

竹端　Ｃさんが Ａさんとの暮らしをどう感じているのかがわからない。

青木　Ａさん Ｃさん世帯の収支やお金の流れがよくわからない状況にある。

守本　Ａさんが車の運転ができないというが、疾患による要因が不明。

竹端　Ａさんは Ｃさんの年金を適切に管理しているのかが不明。

青木　義兄の後見人の支援状況が不明。

守本　Ａさん退院後 Ｃさんの精神症状や生活状況が悪化したことの状況と原因が不明。

竹端　Ａさんは Ｃさんに生活能力があるのもかかわらず、Ａさん自身で面倒を見ることにこだわっている理由が不明。

進行役　ここで伊藤さんに確認しますが、先ほど Ａさんが Ｃさんの面倒を見ている理由は、亡妻から Ｃさんの面倒を見るように頼まれたからという情報がありました。今、理由が不明という意見が出ましたが、どのように考えますか？

　というのは、このことが問題であるとすると、Ａさんが Ｃさんの面倒を見ている理由を解明するということが課題になります。一方ですでに明確であれば、問題としないということになるので意見をお聞かせください[43]。

竹端　伊藤さんは Ａさんが言っていることが本当の理由だと思われますか。

伊藤　Ａさんの Ｃさんへの気持ちに関しては、亡妻の関係者から聞いた情報や本人が表現していることからの推測なので、Ａさん本人の真意かどうかの判断はできません。

進行役　それでは、Ａさん自身で面倒を見ることにこだわっている理由が不明。というのは問題として合意形成を取ります[44]。（一同了解）

竹端　Ｃさんに適切なサービスが入っていない。

竹端　Ｃさんの本当の気持ちを支援者が

聞き取っていない。

伊藤 Ａさんの入院中にＣさんにサービスを導入したのは支援者の意思であり、ＡさんはＣさんに不要なサービスが提供されていると思っています。

進行役 この場合Ｃさんに適切な支援が入っておらず、生活に支障が出てきていればネグレクト状態になるため、虐待対応も視野に入れる必要が生じてきます。

◆39　ファシリテーションポイント
実際の援助場面と同じく、情報収集に無制限に時間が使えるわけではないため、一定の時間で区切る。カンファレンス要素が強い事例検討の場合や、援助に必要な最低限の情報がある場合は、今ある情報でこれからの支援を組み立てる必要があるので時間で区切り、先に進める。把握しきれなかった情報については必要に応じて次回の事例検討を設定し、再度検討をおこなう。

◆40　ファシリテーションポイント
援助がうまくいかない状況でよく生じているのが、実は問題が不明確であったり、当事者と援助者間、あるいは援助者同士の間で問題の認識が異なっていたりすることである。問題を端的に言葉にし、一通り出したあとで、その問題が誰にとっての、誰が解決すべき課題なのかを整理していく。

◆41　ファシリテーションポイント
最初から整理して発言しようとすると、活発な発言になりにくいので、思いつくまま出していき、あとから整理するほうが多様で豊かな検討になりやすい。

◆42　ファシリテーションポイント
福祉職はついつい説明調の長い語りをしがちであるが、誤解なく共有するためにも端的な表現を心掛ける。特に医療職種とのやり取りの際には注意が必要である。また、主語が不明確だと聞き手の解釈が異なる恐れがあるので、主語に注意が必要になる。たとえば「地域住民が」のような大きい主語は避けるようにする。連携のカギは固有名詞で顔の見えるつながりであるので、「カオナシ」になりやすい大きな主語はできるだけ避けるようにする。説明的な発言に対しては「一言で言うとどういうことでしょうか?」などの促しで簡潔に言語化をしてもらう。

◆43　ファシリテーションポイント
問題点の抽出においては、検討メンバーが問題として認めたものは課題設定し解決に向けて取り組むことに合意したことになる。検討メンバーはその解決に対して自己や組織のもつ力を用いて協力していくことになる。専門性や価値観の違い意見の相違が生じた場合はその都度参加メンバーに意見をもとめ、合意形成を図る。

◆44　ファシリテーションポイント
このように、ある事象を実際に問題とみなすかどうかは支援者の専門性や捉え方によって異なってくる。合意形成を取っておかないと後で役割分担を行う際にうまくいかなくなるので本当に問題かどうか迷ったときは、全員で合意形成を図る。

進行役　ネグレクトの場合は養護者に虐待の自覚がなくても、状況から判断する必要性もあるため、Ｃさんの生活状況の把握は必須になると思います[45]。

　そういう意味でも、Ｃさんに適切なサービスが入っていないことは問題として捉える必要があると思います[46]。

竹端　今の意見でいうと、ＡさんがＣさんを意識せずに支配しているということも問題だと思います。

守本　Ａさんが車の運転ができなくなったり、Ｃさんの面倒が見られなくなったりしていることにより、Ａさん自身の役割の喪失が起きているが、それに対する対応が取れていない。

青木　事例提供されているケアマネ（伊藤さん）と、Ｃさんのケアマネが情報共有ができていない[47]。

進行役　ここまでのやり取りのなかで、Ａさん、Ｃさんの情報共有や問題点の抽出をおこなってきましたが、それぞれの人物像や問題が起きている背景が共有されたでしょうか。

　Ａさんは亡妻Ｂさんの父が経営する理容室に婿入りし、妻と一緒に理髪店を経営してきました。理髪店での役割は、Ａさんは理髪に関する技術的な提供が主で、接客はＢさんが主におこなっており、Ｂさんとの会話を楽しみに来店する利用客も多かった。

　当時からＣさんはＡさん夫婦と同居

しており、ＢさんとＢさんの父はＣさんの面倒を見てきました。やがてＢさんの父はなくなり、Ｂさんも病気療養となりました。Ｂさんが亡くなる際の遺言としてＣさんの面倒を見るように依頼された。このような背景から、おそらくＡさんはＣさんの面倒は自分が見るべきだと思い込み、他者の介入を拒否しているのではないだろうかという仮説が立ちます[48]。

　全方位型アセスメントにおいては、事例の当事者や世帯の情報を共有することにより事例全体の臨床像を共有することが重要なポイントとなります。なぜ支援者からの助言を拒否するのか、その背景が見えてくることにより、課題としてのアプローチ方法が見えてきます。

　みなさんが提示してくれた問題点は表（80頁）のようになりました[49]。

　ここで、抽出された問題点を個人的要因（本人の要因によるもの）と環境的要因に仕分けします[50]（81頁の表）。

進行役　個人的要因（本人の要因によるもの）と環境的要因に仕分けてみると、本人であるＡさんの問題と、義兄であるＣさんの問題[51]が同じようなボリュームで抽出されていることがわかります。ということは、Ａさんに対する対応だけではなくＣさんに対する対応の両方を検討する必要がある[52]ということが見えてきます。

進行役　次にストレングスの把握です。本人や環境のストレングスを把握するこ

とは、本人中心の支援をするうえではエンパワメントの視点からも重要な情報になります。合わせて、課題を解決する際に本人や環境のストレングスに着目することで課題解決へのアプローチが容易になります。

◆ 45　ファシリテーションポイント
援助するうえで欠かせない視点を進行者が補足。その領域に詳しい参加者がいる場合は発言を促すなど参加者の力を結集することも大事。進行者は事例提供者にサポーティブに接するとともに、参加者の特性も頭に置いて力を引き出す。

◆ 46　ファシリテーションポイント
参加者にネグレクトの視点が欠如しているのを意識させるべく進行者の立場で助言している。進行者はファシリテートに専念するのみではなく時にスーパーバイズすることも必要。Aさんは虐待している意識はなく、義兄のために最善の努力をしていると思っている可能性が強く、庇護者としての自負もあると考えられるが、専門職の視点からCさんに適切なサービスが提供されず権利や人権が阻害されているのであれば、虐待対応を視野に入れる必要がある。

◆ 47　出席者の調整
事例検討会にCさんのケアマネが参加していれば、より正確な情報が得られる。実際の事例検討の場では多職種連携をおこなうことが前提となるので、Cさんの通院先の関係者やCさんのケアマネ等も含む事前調整が必要となる。

◆ 48　ファシリテーションポイント
ここで進行者は今までの議論を整理し、把握されている事実に意味づけをして統合することで、この世帯が抱えている問題の背景を仮説として整理している。この段階ではあくまで仮説でよく、仮説を検証するために新たな情報の収集や取り組みが開始される。実際の支援においても仮説と検証を繰り返すなかで真実が見えてきて、課題が解決されていく。仮説が立てられないと支援は大幅に遠回りする恐れがある。事例検討においてはある程度の検証を経た仮説が共有できると、事例検討の全体の見通しが立つようになる。進行者にとっては言語化する力をトレーニングする場になる。

◆ 49　留意点
紙面の都合上、問題点の抽出のプロセスの一部は省略している。

◆ 50　共有の方法
ホワイトボードがもう1枚あれば、分けて記載していく。

◆ 51　Cさんの問題
義兄Cさんの存在はAさんにとって環境要因にあたる。義兄Cさんの抱える問題がたくさんあるという事実は、Cさんの存在がAさんに強く作用しており、Aさんの問題だけを解決することはできず世帯全体での解決が必要なことを表している。

◆ 52　一家庭に要支援者が二人
このような場合、それぞれの問題が相互に作用し支援は困難化しやすい。この事例においてはAさんの問題、Cさんの問題が作用し合い、どちらか片方だけの解決を図ることは難しい。さらにはAさんの利益とCさんの利益が相反する可能性も出てくる。

問題
C さんが A さんとの暮らしをどう感じているのかがわからない
A さん C さん世帯の収支や、お金の流れがよくわからない状況にある
A さんが車の運転ができない要因が不明
A さんは C さんの年金を適切に管理しているのかが不明
C さんの後見人の支援状況が不明
A さんの退院後、C さんの精神症状や生活状況が悪化したことの状況と原因が不明
C さんに生活能力があるにもかかわらず、A さん自身で面倒を見ることにこだわっている理由が不明
C さんに適切なサービスが入っていない
C さんの本当の気持ちを支援者が聞き取っていない
A さんの入院中に C さんにサービスを導入したのは支援者の意思であり、A さんは C さんに不要なサービスが提供されていると思っている
A さんが C さんを意識せずに支配している
A さんの役割の喪失について適切に対処できていない
事例提供者（A さんのケアマネ）と C さんのケアマネが情報共有できていない
A さんの妻が死亡後、家族のバランスが崩れてしまった
A さんが自分の生活の管理ができていない

問題の仕分け	
●個人的要因による問題	●環境的要因による問題
Aさんが車の運転ができない要因が不明	Cさんの後見人の支援状況が不明
Cさんに生活能力があるにもかかわらず、Aさん自身で面倒を見ることにこだわっている理由が不明	Aさんの退院後、Cさんの精神症状や生活状況が悪化したことの状況と原因が不明
AさんがCさんを意識せずに支配している	Cさんの本当の気持ちを支援者が聞き取っていない
AさんはCさんの年金を適切に管理しているのかが不明	Cさんに適切なサービスが入っていない
Aさんの役割の喪失について適切に対処できていない	Aさんの入院中にCさんにサービスを導入したのは支援者の意思であり、AさんはCさんに不要なサービスが提供されていると思っている
Aさんが自分の生活の管理ができていない	AさんCさん世帯の収支やお金の流れがよくわからない状況にある
	事例提供者（Aさんのケアマネ）とCさんのケアマネが情報共有ができていない
	CさんがAさんとの暮らしをどう感じているのかがわからない
	Aさんの妻が死亡後、家族のバランスが崩れてしまった

●本人のストレングス
・Aさんを心配してくれる友人がいる
・Aさんは妻の介護を熱心におこなっていた[53]
・Aさんは義兄のことを世話することが自分の役割と感じている。負担感は感じていない[54]
・Aさんは国民年金を受給している
・Aさんの住居は持ち家である

●環境のストレングス
・Cさんは、介護サービスを利用することである程度の生活を維持できる力がある[55]
・Cさんは、自分自身の意思表示をすることができる
・Cさんは、介護サービスや障害サービスを利用できる状況である
・Cさんは、障害年金を受給している
・Cさんは、精神障害者保健福祉手帳3級、要介護1の認定を受けている

進行役 次は、④で抽出された問題を、問題が起きている背景（原因）が類似しているもので束ねていきます。支援現場では多々ある問題に目を奪われ、個別に具体的な方法を考え対応しようとしますが、それらの問題がどこを起因としていて、その原因・要因は何かを把握します。

起因は、ものごとが起こることになったきっかけという意味で使われる言葉です。要因とは、ある出来事が起きたときにその原因となった主要な要素という意味で使われる言葉です。複数ある場合や一つに特定できない場合は「要因」を使い、一つに特定できる場合には「原因」を使います。

問題の構造化とは、多々ある問題の現象のみにとらわれず、その背景にある原因・要因を把握し、そこにアプローチするための手法になるので、全方位型アセスメントの重要な部分になります。具体的には問題の特徴(何が、だれにとって、どう問題か)、問題の決定要因（何を問題とみなすかに作用する本人の主観と専門職にとっての客観的根拠)、問題の歴史（問題の背景、経過、これまでにとられた対応)、問題の影響（問題の影響がどの領域に及んでいるか、どの程度の実害があるか◆56）の相互的な作用を見ていくことで、困難な状況を解きほぐしていきます。

草刈りをするとき、地表に出ている目に見える草だけを刈っても、草が生えてくる原因となっている根を除去しなければ、また草が生えてきます。同じように、実際の支援現場では問題を構造化し、そこを解決しなければ悪循環が繰り返される要因となるため、構造化が重要となります。先に抽出した問題の背景が類似しているものを束ねて問題の構造を推測◆57します。併せて問題を解決するための課題設定をおこないます。

１）・Aさんが車の運転ができない要因が不明
　・Aさんが自分の生活の管理ができていない
→類似している問題の背景は……
　これらの問題が生じている要因が認知能力の低下なのか、もともとの性格的なものなのかの区別ができていない◆58

ここから導き出された課題は以下のようになります。

課題１：Aさんを専門医の診断につなぎ、認知能力の診断をおこなう。あわせて、運転の適性についても検討する

２）・AさんはCさんの年金を適切に管理しているのかが不明
・Cさんの後見人の支援状況が不明
・AさんCさん世帯の収支やお金の流れがよくわからない状況にある
→類似している問題の背景は……
　Cさんの金銭管理が適切におこなわれていない◆59

ここから導き出された課題は以下のようになります。

課題2：Aさん世帯の収支やお金の流れを確認し、Cさんの金銭管理方法を検討する

◆53　ストレングスの活かし方
介護の経験値があること、専門職とつながった経験があること、などはCさんの介護にも活かせる可能性がある。ただし、過去の体験がその後に悪影響を与える場合もある。たとえば、過去に嫌な体験をしていれば、利用を勧められても拒否することが考えられる。

◆54　ストレングスの活かし方
強みでもあり、マイナスに作用する要因にもなり得る。2面性をもつ場合は本人が主観的に捉えているほうをまず意識することで、本人の主観と援助者の客観のずれによる影響を軽減させる。

◆55　ストレングスの活かし方
こうした義兄のストレングスを、Aさんが認識できているかどうかはAさんが考える義兄に必要な支援に大きく影響する可能性がある。もし、認識できていないことによる弊害が大きいのであれば、「Aさんは義兄のもつ力を認識できていない」ことを問題として取り上げる必要が出てくる。

◆56　BPSLモデル
対人援助の領域においては、当事者の主観が強く作用する暮らしや人生という側面への影響を把握する必要がある。本書では問題による影響を全方位的に整理するモデルとして、Bio-Psycho-Socialモデル（生物・心理・社会モデル：BPSモデル）にLife（暮らしと人生）の要素を加えたBPSLモデルで問題を捉えていく。

◆57　問題の構造化
問題だけを見つめるのではなく、その問題がなぜ、どうして、どのように問題となっていったのかという問題の成り立ちと経過を含めて捉えることが必要になる。

◆58　問題の大本をたどる
これまで可能だったAさんとCさんの暮らしが、ある時期を境に成立しなくなり様々な問題が生じている。それぞれの問題は見えても、なぜそれらが生じたのか、その大本をたどる必要がある。問題の原因になり得ることは数限りなくあるので、まずは生じる可能性が高いものから探るのがセオリー。先ほど提示したBPSLモデルに当てはめて検証し、除外していくことで絞り込む。高齢期において疾患は能力低下の原因として確率が高いので、この点を確認する必要がある。

◆59　金銭管理の把握
金銭管理は数量的な把握が可能であり、経済的困窮は当事者も自覚しやすいことから、支援状況を把握する入り口に適している。そこを糸口に、AさんによるCさんの支援状況の全容を掴んでいくことにつなげていく。もし、Bさんの死後Aさんが引き継げていない要素があるのであれば、その欠けてしまった部分に支援を入れていく必要がある。

3）・Cさんに適切なサービスが入って
　　いない
・Cさんの本当の気持ちをAさん以外の
　支援者が聞き取っていない◆60
・AさんのケアマネとCさんのケアマネ
　の情報共有ができていない
・AさんがCさんを意識せずに支配して
　いる
・Aさんの退院後、Cさんの精神症状や
　生活状況が悪化したことの状況と原因
　が不明
・CさんがAさんとの暮らしをどう感じ
　ているのかがわからない
→類似している問題の背景は……
Cさんの支援者がいないのでCさんの
思いが聞き取れていない

ここから導き出された課題は以下のよ
うになります。

課題3：Cさんの思いを確認し適切な支
援を導入する

4）・Cさんの生活能力があるにもかか
　　わらずAさんが自分が面倒を見な
　　くてはならないと思っている理由
　　が不明
・Aさんの入院中にCさんにサービスを
　導入したのは支援者の意思であり、A
　さんはCさんに不要なサービスが提供
　されていると思っている
・Aさんが車の運転ができなくなったり
　Cさんの世話ができなくなったりした
　とき、役割の喪失に適切に対処できて
　いない

・Aさん妻（Bさん）が死亡後　家族
　のバランスが崩れてしまった◆61

→類似している問題の背景は……
Aさんの妻が死亡した後、AさんCさ
んの関係性を支える人がいなくなった

ここから導き出された課題は以下のよ
うになります。

課題4：Aさんの支援者をつくる

このように、起きている問題の要因が
類似しているものを束ねることにより、
個別の問題に振り回されずに問題の本質
に着目することが可能になります。これ
が問題の構造を把握すること、いわゆる
問題の構造化になります。なぜ、問題が
起きている背景に類似性のあるものを束
ねるのか。その理由をまとめると以下に
なります。

1：多くの問題がある場合、個別の問題
　　にどう対応するかという具体的方法
　　に目がいってしまい、その問題が起
　　きている本質に気づけない。
2：個別の問題の中に対応が困難なもの
　　があると、その問題から目をそむけ
　　てしまう（見て見ぬふり）がある。
3：起きている問題の背景を推測するこ
　　とにより、対応すべき問題の本質が
　　見えてくる。（問題の構造化）
4：問題の背景に類似性があるものは、
　　その背景を解決することこそが課題
　　となる。（問題の構造化）

5：問題を束ねることにより、大きな課題が見出せ、個別の課題は具体的な方法を検討する際にアイデア出しをおこなうことが可能となる。（多機関協働）

6：困難な課題は長期目標として明確化し、風化させない。（課題解決）

　実際の支援現場では、個々の困りごとにサービスをあてがい解決しようとすることが散見されるので、結果として利用拒否が起こったり、ニーズとサービスのミスマッチが起こったりしてきます。個別の問題に対処する前に、問題の構造化をすることにより、その問題の本質を支援チームで共有することが必要になります。

手順⑥ 支援内容の検討：
支援の方向性の確認、役割分担、活用できるストレングスの確認

進行役　⑤において、多くの問題を束ねて１）〜４）の四つに課題を整理しました◆62。

課題１：Aさんを専門医の診断につなぎ、認知能力の診断をおこなう。併せて、運転の適性についても検討する

課題２：Cさんの金銭管理方法を検討する

課題３：Cさんに障害の相談支援を導入する

課題４：Aさんの支援者をつくる

◆60　適切な代弁者かどうか
Aさんは妻から託された義兄のことを自分で背負おうとしている。だからといって、Aさんが無条件にCさんの代弁者たり得るとはいえない。Cさんの意向を適切に代弁できているかは確認が必要になり、Cさんの意向とAさんの考えに齟齬がある場合には調整が必要になる。

◆61　故人が与える影響
構造的に見ると家庭の困難状況はBさんの死後に始まっている。Cさんの意向を把握し切り盛りしていたのはBさんである可能性が高く、Bさんが果たしてきたCさんを支える役割が、死後どう引き継がれたのか（引き継がれていないものがあるのか）を見ていく必要がある。このように故人の存在が現状に大きく作用している場合は、問題を構造的に捉えないとなかなか見えてこない。

◆62
課題の整理がうまくできないという声をよく聞くが、問題の背景の共通性に着目すると、同じ対応で解決が見込める事象が明らかになる。数多くあるように見える問題を、共通の背景で整理する（問題を束ねる）ことができると、実際におこなうべき対応は実はさほど多くないことに気づく。どこから手をつけていいかわからないような多問題状態においては、この問題を束ねる力がポイントになる。

次に、課題ごとに具体的対応方法と役割分担を設定します◆63。

課題1　：Aさんを専門医の診断につなぎ、認知能力の診断をおこなう。

対応方法：診断の際に、Aさんの生活状況等を整理して診断の必要性を医師に伝えられるよう情報の整理をおこなう。また、通院時の同行の同意をAさんから得ておく。

役割分担：Aさんの担当ケアマネ(伊藤)◆64

対応方法：Aさんのかかりつけ医に現状を伝え、専門医への紹介状を作成してもらうために通院をおこなう。その際にケアマネは通院同行して整理した情報を医師に提供する。

役割分担：Aさんの担当ケアマネ(伊藤)

対応方法：医師の紹介状により、専門医に受診◆65。Aさんの認知能力や疾患に関する認識（解釈・期待・感情・影響）等をどう理解しているかを医師が診断し、必要に応じて治療をおこなう。

役割分担：専門医

対応方法：現在使用している自動車に関して任意保険に加入しているか確認する。運転の適性判断については、公安委員会で適性検査を受けてもらう。本人が拒否した場合には、更新時の検査まで待つ。その間に危険な運転があった場合はその都度対応する。

役割分担：地域包括支援センター（公安委員会へつなぐ）
　　　　　Aさん担当のケアマネ（日常の運転の様子の把握）

＊課題1で活用できるストレングス
　・Aさんを心配してくれる友人がいる
　・受診や運転の適性検査につなぐ際、友人に説得してもらうことが可能

課題2　：Cさんの金銭管理方法を検討する

対応方法：Cさんの判断能力を診断をする。診断に必要になる生育歴や、現状での生活状況を把握する。（亡妻の友人、妻の担当保健師等から情報収集）

役割分担：障害支援課（障害相談）◆66

対応方法：判断能力の状況に応じて、日常生活自立支援事業や成年後見制度利用の検討をする。

役割分担：権利擁護センター（社協）

対応方法：Cさんの収支の確認をおこなう。

役割分担：日常生活自立支援事業

対応方法：Cさんの金銭管理に関する思いを聞き取る。

役割分担：日常生活自立支援事業

＊課題2で活用できるストレングス
　・Cさんは自分自身の意思表示をすることができる

・C さんは障害年金を受給している

課題3　：C さんに障害の相談支援を導
　　　　　入する
対応方法：医療機関で再度 C さんの診
　　　　　断をおこなうために受診勧奨
　　　　　する。生活の困難さが統合失
　　　　　調症によるものなのか、他に
　　　　　も障害等があるのかを確認す
　　　　　る。その際、医療機関に提供
　　　　　する情報は、課題2で得た情
　　　　　報を提供する。
役割分担：障害支援課（障害相談）
対応方法：C さんの生活に関する思いを
　　　　　聞き取りながら、必要な支援
　　　　　を導入する（介護サービス・
　　　　　障害サービス）。
役割分担：ケアマネ・障害支援課（障害
　　　　　相談）
対応方法：C さんとの信頼関係を構築し、
　　　　　継続的な支援をおこなう。
役割分担：障害支援課（障害相談）

＊課題3で活用できるストレングス
・C さんは自分自身の意思表示をする
　ことができる
・C さんは、精神障害者保健福祉手帳
　3級、要介護1の認定を受けている。
・C さんは福祉サービスを利用するこ
　とである程度の生活を維持できる力
　がある。

課題4　：A さんの支援者をつくる
対応方法：A さんの C さんに対する思
　　　　　いを聞き取る。

役割分担：ケアマネ
対応方法：C さんから聞き取った思いを
　　　　　伝え、介護サービスや障害
　　　　　サービスを導入することで C
　　　　　さんの生活が安定することを
　　　　　伝える。
役割分担：ケアマネ・障害支援課（障害
　　　　　相談）

◆ 63　役割分担の設定
困難事例に応するための多機関連
携においては役割分担に納得して
もらうことが非常に重要。

◆ 64　固有名で役割分担を示す
責任の所在がより明確になり連携
が可能になる。抽象度が高いと自
分ごとになりにくいので注意が必
要。本書においては模擬的な事例
検討であるので「かかりつけ医」
等の表記を用いているが、実際は
〇〇クリニックの〇〇医師、など
固有名を用いていく。

◆ 65　医師との連携
できればどの病院のどの医師が適
しているのかまで情報を得たい。
その領域の地域の状況に精通して
いる人物の参加を検討し依頼して
おく。

◆ 66　C さんの支援者
事例提出者は C さんの担当者で
はないが、A さんと C さんの関
係性を考えると、C さんへの支援
抜きにこの世帯への支援が進まな
いことが見えてくる。C さんの支
援に関して知見をもつ者の出席が
必要な事例であり、事例検討の主
催者の出席者選定が重要である。

対応方法：Aさん自身が車の運転ができなくなったり、Cさんの世話ができなくなったりする際の相談に応じる。

役割分担：地域包括支援センター

対応方法：ケアマネ、障害相談、地域包括支援センターがバラバラにかかわると、Aさんが混乱するので地域包括支援センターが全体の調整を図る

＊課題4で活用できるストレングス
・Aさんを心配してくれる友人がいる（Cさんに福祉サービスを入れる際Aさんに助言してもらう）

手順⑦ まとめ：
支援計画にまとめる、（スーパービジョンの場合）事例提供者によるまとめ・参加者による感想の共有、スーパーバイザー等によるまとめ

進行役 以上で、問題の抽出から役割分担までが終了しました。今までの流れを支援計画シートにまとめます（別表：支援計画参照◆67）。

実際の事例検討では、支援計画シートの枠組みをホワイトボード等に転記したうえで、議論しながら埋めていくことになる。枠組みがあるので、順番に問題抽出・問題の仕分け・ストレングスの抽出・類似している問題を束ねる・課題抽出・具体的方法と役割り分担の議論を進めていく。

全方位型アセスメント・支援を進めるうえで一番難しく感じるのは「類似している問題を束ねる」部分だと感じる人がおそらく多いであろう。この部分はKJ法を応用しているので、難しいと感じた場合は、問題を一つずつ付箋に書いてみて、背景が類似しているものを重ねてタイトルを付ける要領で「類似している背景」を言語化していく。その際も事例進行者一人で考えるのではなく、参加者全員で考えてみるとよい。

多機関多職種連携の事例検討をおこなう場合は、どの機関や専門職に質問を投げかければどのような回答が返ってくるのかを予想しながら質問を投げかける。意見が出ないときは、その問題が起きている背景が何か（たとえば精神障害を背景として生じている問題）を考えながら、その領域の機関や専門職に意見を求めれば、真摯に回答してくれる。

このように、事例進行者は多機関連携を意識しながら、最大公約数の意見を出してもらい、支援の方向性への合意形成をおこないながら、課題設定や役割分担に注力する。難しく考えずにまず実行すること、回数をこなすことが上達の秘訣である。

◆67　支援計画シートの作成
ミクロの具体的支援計画まで立案するタイプの事例検討の場合は、支援計画シート等を作成し実施の準備を進める。メゾのスーパービジョンを重視するタイプの事例検討の場合は、まとめとしてスーパーバイザーや進行者による絵解き解説や補足を加えることがある。

問題	問題の仕分け	ストレングス	類似する問題を束ねる	課題	具体的方法・役割分担
CさんとがAさんとのくらしをどうしているのかAさんとCさんが感じているのか	●個人的要因による問題	Aさんを心配してくれる、気にかけない友人がいる			診断が必要になる現状を伝える。Aさんの生活状況等を専門医に伝えて、その診断の必要に応じて医師に、また診療の同行やAさんの同意が得られるよう情報の共同で整理する
Aさんとがんさんの収支やお金の流れがわからない状況にある	●個人的要因による問題	Aさんの重い疾患の要因が不明		①Aさんを専門医に受診につなぎ、認知能力の診断をおこなう	診断の際に、Aさんの生活状況等を専門医に作成してもらうよう通院情報の同行の同意を得ておく。Aさんの担当医に担当しておく。
Aさんが仕事の収入やお金の流れがわからない状況にある		Aさんは妻の介護を熱心におこなっていた		*活用できるストレングスAさんを心配してくれる友人がいる	Aさんのかかりつけ医に現状を伝え、専門性の紹介状を作成してもらうよう依頼する。またケアマネは通院同行しておこなう。
Aさんが重い疾患の運転ができない疾患の要因が不明	●疾患の要因が不明	Aさんは妻の介護を熱心におこなっていた			Aさんの認知症の状況により、専門医に受診。認知症（解釈・感情・影響）のどう理解しているかをおこなう
Aさんが重い病の運転ができない要因が不明		Aさんは妻のことを話し、その役割の喪失感は感じていないと診断できない	【類似している問題の背景として、類似している問題の背景が生じている要因が、認知能力の低下なのか、性格的なものなのかの診断ができていない		医師の紹介により、専門医に受診。認知症（解釈・感情・影響）等をどう理解しているかをおこなう。担当：専門医
Aさんの後見人の支援が通じない	Aさんに重い運転ができずに、どさんと生活を継続できる能力がある	Aさんの住居は持ち家である			現在使用している自動車に関しての運転の通行判断についての確認する。運転の適性検査を受ける。更新時の検査などそのうち公安委員会へのど活支援センター。薬員会の運転の様子の把握
Cさんの年金を管理しているのか	Cさんの年金を管理しているのか	Aさんは国民年金を受給している			現在使用している自動車に関しての運転の保険に加入しているかを確認する。公安委員会へのど活支援センター。薬員会へのど活支援センター。日常の運転の様子の把握
Aさんはどさんを意識せずに支配している	Aさんがどさんを意識せずに支配している	Aさんは自分の意思を示すことができる			
Cさんに生活能力があるにもかかわらず、Aさんにいたる原因の悪化と原因が不明	Cさんに介護サービスなどを利用することができない役割に適切に対処できない	Cさんは、介護サービスをどこまで利用することができる			
Aさんの退院後、Cさんの精神状況や生活状況と原因の悪化したことの状況と対処ができない	Aさんに介護状況がなくなったとき、役割に適切に対処できない	Aさんは、自分自身の意思を示すことができる			
Cさんが生活能力があるにもかかわらず、Aさんにいたる理由が不明	●環境的要因による問題	Cさんは、介護サービスを利用できる状況である	Cさんが、どさんの年金を管理しているのかが不明	②Cさんの金銭管理方法を検討する	Cさんの判断能力を診断をする。診断に必要になる生育歴を把握する。（二）障害支援課（障害福祉の友人等から情報収集）担当：（二）障害
Cさんに生活能力があるにもかかわらず、Aさんにいたる自身で面倒を見ることを理由が不明	●環境的要因による問題				

問題	問題の仕分け	ストレッサス	類似する問題を束ねる	課題	具体的方法・役割分担
AさんのケアマネとCさんのケアマネの情報共有ができていない		CさんがAさんのことをどう感じているのかがわからない			
		●類似している問題の背景は、Cさんの支援者がいないため、Cさんの感じやニーズが把握できていない			
		Aさんにどういう活動能力があるのかがわからず、面倒を見ることに不安を覚わっている理由が不明	④Aさんの支援者をつくる／Aさんとこさんの関係性を支える		Aさんのこさんに対する思いを聞き取り、ケアマネや障がいサービスを担当した相談支援専門員から伝える。
		Aさんの入院中にCさんにサービスを導入するのはAさんの意思であり、Aさんはこのサービスに不要と思っているが、Cさんに提供されていると思っている	＊活用できるストレッサスがいる（Cさんに福祉サービスを入れる際Aさんに助言してもらう）		Aさん自身が車の運転ができなくなった際の相談に応じる。担当ケアマネ、包括支援センター
		Aさんが車の運転ができなくなったり、Cさんの世話ができなくなったり、その時の役割の喪失に対処できていない			＊ケアマネ、相談支援専門員、包括支援センターがバラバラにかかわるとAさんが混乱するので、Aさんのことを支援するセンターが全体の調整を図る
		Aさんが死亡後、家族のバランスが崩れてしまった			
		●類似している問題の背景は、Aさんの裏が死亡した後、Aさんのことを支える人がいなくなった。			

問題	問題の仕分け	ストレングス	類似する問題を束ねる	課題	具体的方法・役割分担
Cさんに適切なサービスが入っていない	Cさんの後見人の支援状況が不明	Cさんは、障害年金を受給している	＊活用できるストレングスをCさんは自分自身の意思表示ができる・Cさんは障害年金を受給している	判断能力の状況に応じて、日常生活自立支援事業や成年後見制度の利用の検討を行う（担当：権利擁護センター（社協）
Cさんの本当の気持ちを導いた上で悪化した仕事とともに支援者間の支援の原因が不明	Cさんの本当の気持ちと状況と周囲の状況が不明	Cさんは、精神障害者保健福祉手帳3級、介護1の認定を受けている	＊類似している問題の背景にあることが入っていない	＊活用できるストレングスをCさんは自分自身の意思表示・Cさんは精神障害者保健福祉手帳3級、介護1の認定を受けている	Cさんの収支の確認をするお手伝いをしていく 担当：日常生活自立支援事業
Aさんの退院後にCさんの支援状況と原因が不明	Cさんは、精神障害者保健福祉手帳3級、介護1の認定を受けている		Cさんに適切なサービスが入っていない	③Cさんに障害の相談支援を導入するためにCさんの思いやニーズを把握する	医療機関で再度Cさんの診断をする生活に関する思いを聞きながら、生活の困難さや未調整によるものなどを障害者、他にも確認する。課題を明確にした際、医療機関に提供する情報の取得、担当：医療機関
Aさんの入院中にCさんにとっての支援であり、Cさんは本当の意思であり、Cさん以外の支援者が間のサービスが提供されていない	Cさんの本当の気持ちをCさんが導いたのであり、Cさん以外の支援者が間のサービスが提供されていない		Cさんの本当の気持ちをCさん以外の支援者が聞き取りができていない	＊活用できるストレングスをCさんは自分自身の意思表示・Cさんは精神障害者保健福祉手帳3級、介護1の認定を受けていることを受けて、Cさんがとることができるか、Cさんが利用できる程度の生活を維持できる	Cさんの生活に関する思いを聞き取りながら、必要な支援を導入する（介護サービス・障害相談）
事例提供されているケアマネとCさんのケアマネが異なる情報共有ができていない	Cさんに世帯の収支やお金の流れをCさんがわからない状況にある		Cさんが世帯の収支やお金に関する管理ができていない		Cさんの金銭管理に関する情報提供は、課題に合わせて（介護サービス・ネット、障害相談）
Aさんが死亡した後Cさんのケアシステムが崩れる	Aさんがどう感じているのか		Cさんに適切なサービスが入っていない		Cさんの生活に関する思いを聞き取り、必要な支援を担当する。
Cさんが自分の生活の管理ができていない	Aさんの妻が死亡した後 Cさんの暮らしのバランスが崩れてしまった		Aさんの退院後にCさんの精神状態に悪化したと生活状況と原因が不明		Cさんとの信頼関係を構築し、継続的な支援を行う。

2　困難事例の解きほぐし方

　ここまでは事例検討を解説する形で話を進めてきた。ここからは検討の過程を踏まえながら、困難事例の解きほぐし方について説明していく。

　今回のケースが困難化するとすれば、Ｃさんへのケアや金銭管理などへの介入をＡさんが拒む状況が考えられる。実際の支援の場面でも、援助者には必要不可欠と思える援助を当事者が拒絶するケースはよく生じる。客観的問題の一つとして、Ａさんのやり方ではＡさん自身とＣさんの暮らしを成り立たせることができなくなってきている。しかし、事例検討の結果たどりついた課題と支援計画は、「支え手であったＡさん自身の能力低下」という、問題の中核に対する具体的解決方法である。提案の結果、Ａさんがそれらの支援を自分の使命や遂行する能力を否定するものとして受け止めた場合、介入を拒絶することは多いにあり得る。そうなるともう一方の当事者であるＣさんへの支援が滞り、Ｃさんの権利が侵害される状況を改善できなくなる。いったいどうすればよいだろうか。

　ここで生じているのはＡさんにとっての主観的ニーズと援助者が描く客観的問題が乖離してしまっている状態である。両者をすり合わせて合意できるポイント◆68 を見つけ出すには、一度領域Ａに戻り、過去からの経緯をしっかりと見つめることと、問題の構造を把握することが必要である。過去の経過までさかのぼり、

発端を見てみると、このケースにおいては問題の中核はもう一つ考えられる。それは、Ｂさんの闘病と死去による家族システムの変動とそれに伴うＡさんの役割の変化である。

　Ｃさんは障害とともに生きてきたが、これまでは大きな問題は生じていなかったし、Ｃさん自身の能力がここ最近で大きく低下した様子もない。Ｃさん自身の要因でないとすれば、あり得るのは環境要因（特にＡさんという環境要因）の変化である。そのような観点から情報を分析してみると、妻であるＢさんの闘病と死去からこの家の困難が始まっており、この家を機能させる家族システムに変化が生じたと考えられる。ＡさんにとってＣさんのことは、妻から託された自分の使命であるという思いが強く、自分がやらねばという思いにかられていると推定される。そこに支え手であるＡさん自身の能力低下というもう一つの問題の中核が重なり、Ｃさんへの対応がままならなくなった。

　皮肉にもＡさんが入院している際に障害領域の援助チームが提供した支援のほうが、Ｃさんのもつ力を発揮できる状態をつくり出すことができてしまった。結果として、Ａさんは自分の使命が果たせず、自分以外の手で使命が果たされる状況に遭遇することになったが、妻から与えられた使命への思いを否定されるこ

◆68
前著 61 〜 64 頁を参照。

とは、Ａさんにとって耐え難い。つまりこの点がＡさんにとっての主観的ニーズと深い関連があるのであろう。だからこそ、自分が入院する際に構築され、うまく機能していたＣさんへの支援を退院後にすべて断る行動が生じた。周囲からすれば不合理に思えるＡさんのこれらの行動は、意図的であるかどうかは別として、自らの役割を取り戻そうとする行為だといえるだろう。

このように問題を構造化して見てみると、ＡさんによるＣさんへの援助に介入することはＡさん自身の存在意義の否定と同じ意味になってしまうため、ただ必要性を説明してもＡさんが受け入れる見込みは薄い。しかしＡさんにとっての主観的ニーズと援助者が描く客観的問題が一致し得るポイントとしては、Ｃさんのよりよい暮らしであり、妻であるＢさんがＡさんに託したこともそういった方向性であるだろう。Ｃさんのよりよい今後のためにＡさんが役割を果たせるようにすることが、お互いに一致し合意が得られる課題となる。

3 困難事例を解きほぐす過去への視点：雪玉理論

（1）問題の中核とそれが育った塊（ダマ）

問題を構造的に見ていくと、本人や家族、そして援助者が直面する様々な問題には、「そこを解決しない限りどうにもならない」としかいえないような中核が明らかになることがある。問題の中核は単発のサービスを導入すればどうにかなる類いのものではなく、いわば問題の根本、本人や家族にはどうすることもできなかった「そもそもの発端かつラスボス」である。大小様々な問題を生み出し、引き寄せ、それらが凝集した大きな塊（ダマ）を形成する。塊は様々な生活上の困難を生じさせ、周囲の人や援助者の目にとどまるようになる。援助者や周囲の人たちはこの塊になってしまった状態にある本人と出会うため、表立って目立つ生活上の問題にどうしても目がいき、覆い隠され見えにくくなっている中核への対応がおこなわれない。それにより、ラスボスが君臨し続け、事態が一向に好転せずにさらに問題がまとわりつく。その結果、塊が巨大化することで手の出しようのない（ように見える）解決困難事例（一般的に困難事例と呼ばれる、援助者が困難を感じる事例）に育ってしまう。

一度この状態になってしまうと、明らかに介入すべきであるにもかかわらず、その手がかりが見えずに援助者や周囲の人は遠巻きに見ていることしかできない。そうすると、かかわる人たちの間でババ抜き状態が生じ、いわゆる塩漬事例が完成する。この塩漬け状態は危うさをはらみながらもある種の均衡状態でもあり、その状態に慣れきってしまった当事者は現状変更を望まない場合も少なくない。しかし、ひとたび均衡が崩れれば周囲を巻き込んだ大惨事となる。一方で、ラスボスを打ち倒すことができれば、ラスボスから派生する様々な問題にも対処

の道筋が見えてきて、本人がよりよく生きていくことに力を注げるようになり、事態が好転していくきっかけとなる。

逆にサービスを当てはめることで解決する事例というのは、問題の中核に相当する事象がなく、困難な状況が生じない事例ということになる。これらはある意味、欠落している生活行為にサービスを当てはめて充足すればよく、標準的な対応で十分満たすことができると考えられる。

介護支援専門員をはじめとする相談援助職の人材確保は今後一層困難になることが予想され、相談支援業務の効率化は不可避となる。そうした状況ではビックデータと AI を活用した多くの場合に適応できる標準プランの活用が促進され、そうした「機械的な対応」でも対応できる事象といえる。一方、塊は表面的には同じように見えても、そのそもそもの発端も生成の過程も異なるため、解きほぐし方も千差万別であり、相談援助職が専門性を発揮していかなければ解決に向かわない。相談援助職の力量が問われる場面であり、裏を返せば塊をほぐして解決できなければ、存在意義が問われることになる。

（2）雪玉理論：問題の中核から塊が育っていく過程

解決困難事例は、さながら坂道を転がっていく雪玉のように問題の中核にさらに大小さまざまな問題が付着し、それらが生活に問題を生じさせながら時間の経過とともに大きくなっていく（図 2-1、雪玉の生成過程）。一つひとつの問題を解きほぐしてみれば解決可能なことでも、援助者の前に現れた段階では凝集し巨大化しているため、扱いが難しくなっている。また、まわりにまとわりつく生活上の問題が分厚くなるにつれて、問題の中核は覆い隠されて見えなくなっていく。塩漬け事例には当事者たちが長年なんとかしようともがいてきた、あるいは実際にどうにかこうにかやってこれていたものも多い。このことがある種の均衡状態をもたらし、見た目上はどうにかなりそうに思え、当事者たちも自分たちなりのやり方を守ろうとする場合もある。しかしそれは危ういバランスの上に成り立っており、ひとたび悪戦苦闘が限界を迎えて破綻した場合には、にっちもさっちもいかなくなって援助者の前に現れる。

このように転がる雪玉状態の塩漬け事例は解決が難しい。「ほかの人には解決困難でもあの人だからできる」、あるいは早く解決する、困難化しないなどの結果をもたらす「頼れる援助者」は存在する。熟達した援助者であれば、あるいは組織でデータを集約して過去に解決した困難事例の経験からラスボスを類型化し、ある程度の傾向と対策を把握し攻略方法をストックすることはできるかもしれない。しかし、塊として育っていくプロセスによって塊のほぐし方は異なるため、単純に類型化しても効果は薄い。だからこそ「頼れる援助者」の用いている解決の技法は、継承されないその人なら

ではの名人芸になりやすい。このことも
がちがちに固まってしまった塩漬け事例
を生じさせる遠因となっているように思
う。

　「頼れる援助者」はかかわり始めた段
階で目に見えている問題だけでなく、そ
の問題が生じてきたプロセスをさかのぼ
り、そもそもの発端である問題の中核を
捉えることに長けている。援助者はどう
しても現在に注目しがちであるが、問題
を構造的に捉えて中核を見つけ出すには
過去への視点が不可欠である。過去にさ
かのぼりながら当事者たちのそうせざる
を得なかった経緯にも敬意を払いつつ今
現在の困難状況を解きほぐし、中核を捉
えることでラスボスへの対処が見えてく
る。ラスボスを倒せば周辺の大小の問題
も解決に向かい、当事者にとっても援助
者にとっても望ましい未来への道が開け
ていく。

事例検討においては、全方位型アセス
メントをおこないながら解きほぐして
いくプロセスを参加者全員で体験して
いく。これは毎回異なる個別的な事例
に対してのライブセッションであり、
一度限りのライブならではのスリリン
グな展開がそこにはあり、パターン化
した対応の当てはめとは大きく異な
る。そしてこのプロセスに参加するこ
とで、問題を解きほぐし中核を摑む力
が向上していく。地域ケア会議や重層
的支援会議を丁寧に実施することは参
加する援助者の解きほぐす力を大きく
高める可能性を秘めている。

（3）重層的支援と全方位型アセスメント・全方位型支援

　重層的支援の対象として、一つの家
庭の中で子ども・障害者・高齢者といっ

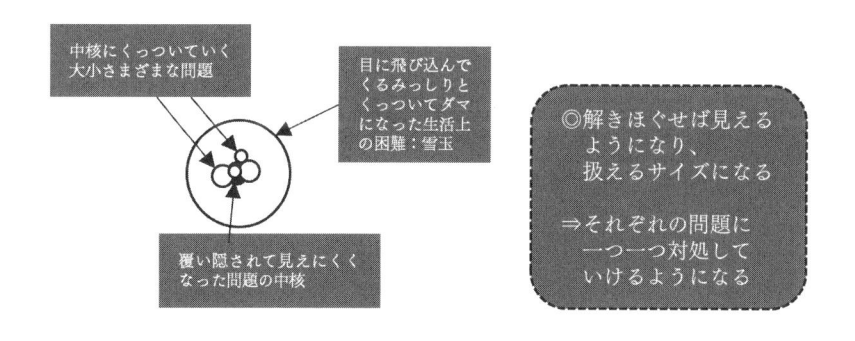

図 2-1　雪玉の生成過程

た属性が異なる構成メンバーが複数の生活上の困難を抱えている、という特徴をもつケースが想定される。これらのケースでは構成メンバーそれぞれに異なる問題の中核が存在し、家族システムの中で結合して、長い年月を経て解決困難な特大の雪玉を形成しているため、支援する側の難易度は非常に高い。（図2-2、複数の問題の中核をもつ雪玉の生成過程）重層的支援においては問題を構造的に捉えて、問題の中核を見つけ出し解きほぐしていく全方位型アセスメント・全方位型支援の手法が特に有効であると考えられる。

　一つの家族の中で複数の中核が存在している場合は、それぞれの中核のうち少なくとも一つを見極めそれに対処していかない限り、解決の糸口は見つからない。そしてこうした事例こそ、重層的支援の対象となるものである。

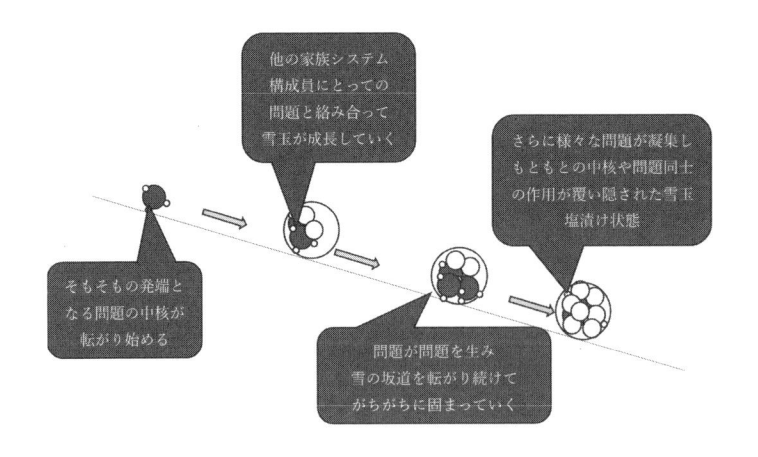

図 2-2　複数の問題の中核をもつ雪玉の生成過程

コラム　全方位型アセスメントと医師の関わり

守本陽一

　複雑化する社会の中で、問題は複合的になり、新たな課題も地域には表出してきている。複雑な問題に対しさらに専門性を分化させ、対応することには、対応する人数の点からも限界がある。専門分化がタコツボのようになり、「その問題は私の問題ではありません」「その課題の対応方法がわからないので、対応できません」と、自分の専門性だけにとらわれていては、解決できない。複合的な問題も自分のタコツボを少し出て対応するには、全方位型アセスメントはピッタリの方法である。

　ただし、条件つきである。「タコツボを出ようという意思があれば」ということである。症例検討会には、どうしても相談する（ケースを提示する側）よりも、問いを投げ、気づきを与える側のほうが、情報格差として優位に立つ。「後医は名医」という言葉があるように、最初に診た人が情報を収集し、検査をし、治療などの行動を起こしたからこそ、後から診る人はその行動は効果的ではなかったと知ることができ、次の行動を模索することできる。また相談をする側は1名であり、気づきを与える側は複数名であることからもやや威圧的案構造になりかねない。その構造に気づきを与える側は自制的でなければ、相談する側に威圧的になってしまうだけになってしまう。そのため、タコツボから出ない意思をもった専門職を全方位型アセスメントに呼んでも、専門性のタコツボから発言し、抑圧的に意見を言うだけに陥ってしまい、相談者である本人は萎縮してしまう。その結果、「次回から相談しないでおこう」という本末転倒な状況になりかねない。タコツボから出るという勇気を讃えて、共に歩む姿勢が重要ではないだろうか。その点では、まだまだ医師の多くが、タコツボの中にとらわれているといえる。

　また、医師という、専門職の中ではまだまだ権威的なポジションが、他の専

門職よりもこの抑圧構造を加速させてしまう。一言医師が意見を言っただけで、その意見が最も正しいものとして取り扱われてしまう場合も少なくない。医師はケース会議の中の権力構造に自制的でなければならないだろう。タコツボから出ようという意思がある医師を見つけてくることが、全方位型アセスメントや多職種連携においての医師を使い倒す第一歩だろう。では、どのような医師を見つけてくるのがよいのだろうか。

　今、総合診療・家庭医療やプライマリ・ケアを専門とする医師が増えている。日本プライマリ・ケア連合学会のホームページによると、プライマリ・ケア認定医が2199名、家庭医療専門医が629名である[*1]。1996年の米国国立科学アカデミーが定義したプライマリ・ケアとは、「患者の抱える問題の大部分に対処でき、かつ継続的なパートナーシップを築き、家族及び地域という枠組みの中で責任をもって診療する臨床医によって提供される、総合性と受診のしやすさを特徴とするヘルスケアサービスである」とされる。つまり、住民のあらゆる健康上の問題、疾病に対し、総合的・継続的、そして全人的に対応する地域の保健医療福祉機能と考えられる。彼らは、全人的に患者に対応するなかで、様々な理論を学び、活用している。

　この専門研修の中で学ぶ考え方の一つにBPSモデルがある。BPSモデルとは、病気を単なる生物学的な問題（Biomedical）として捉えるのではなく、心理的問題（Psychological）、社会的背景（Social）も重要な要因として捉えるというものである。医療者は患者の病気の状況だけでなく、その背景にある生活環境や心理的要因なども含めた全体像を把握し、患者の健康問題の対応をおこなうすべを学んでいく。つまり、単に医療の問題だけを解決するだけでは、患者全体の健康問題に対応できず、心理社会的な背景とも深く結びついており、相互に影響し合っていることを体系的に知っていくことになる。たとえば、本書2章で取り上げた事例でいうと、Aさんは生物学的な問題としては、コントロー

＊1　日本プライマリ・ケア連合学会「身近にいる家庭医療従事者　あなたのまちの家庭医療」（閲覧日 2024/7/5）https://www.primarycare-japan.com/datalist

ル不良の糖尿病と慢性硬膜化血腫のみである。医学的にはそれぞれは大きな処置は必要なく、継続的な加療のみである。一方で、心理社会的な背景として、ADL の低下に伴う C さんの面倒を見るという役割の喪失や経済的な問題などが複雑に絡み合い、健康行動に大きな影響を及ぼしており、サービスの拒否や医師の判断に反して車を運転したりする行動を引き起こしている。その行動は疾患に対する影響だけではなく、本人のウェルビーイングにも悪影響になってくる。生物学的な問題だけ診ていては摑めない本人の様子を、心理社会的な面からも見つめていき、その相互関係を考察していく。

そのような教育課程を経た医師は、経済的な問題、孤独の問題、家族の関係性、地域との関係性、関係性の中での自らの役割の喪失など、多様な問題が本人の健康問題に結びつくことを知っている。医学というタコツボにとらわれることなく、他の専門性をもつ職種とも連携していく。医療以外の学びを受け取る柔軟性をもっている。いわば、タコツボから出ようという意思がある医師である。連携する医師を見つけるうえで、家庭医療・総合診療・プライマリケアを専門とする医師を地域の中で見つけることも、一つの手といえるだろう。あなたのまちにいるプライマリ・ケアや総合診療の専門家は、ホームページから見つけることもできる。もちろんそれ以外の専門性をもつ医師の中にも、タコツボから出て他の専門性から学ぶものは多くいる。ぜひ地域に出て見つけてきてほしい。

1 成功事例から横並びになる

「そのような医師はうちの地域にはいません」という場合もあるだろう。医師以外の専門職もタコツボを出て、お互いの専門性を尊重しつつ、信頼関係が構築される状況は、全方位型アセスメントをおこなうにあたって、好ましい状況だといえる。しかし、そのような状況にない自治体や連携会議もあるはずである。

そんな場合は、成功事例を語ることから実施することをおすすめしたい。通常の制度を当てはめるだけのケースワークでは上手くいかなかったが、複数の専門職や住民で連携しつつ、上手く解決できたケースはどの地域にもあるはずで

ある。「ひと工夫することによって上手くいった成功事例を語る会」である。たとえば、アルコール依存症があり、独居で家が荒れている男性を支援しようとしたところ、断酒会は断られたものの、保健師が本人に伴走し続け、本人が参加したい趣味のグループに紹介することで、アルコールの使用量が減ったといった話でもいい。成功事例であれば、横並びになり、紹介する専門職が尊重され、そのケースワークでの工夫を、聞く側が知ることができる。気づきを与える側はその工夫を普遍的な知見に読み替えて、その場にいる全員に知ってもらうこともできる。たとえば、先ほどの事例であれば、単に依存症で治療意欲もない男性としてステレオタイプに見ていたところを、本人のモチベーションがわく領域もあることを伴走し続けたことで知り、本人中心的な支援を制度にとらわれずに実施したことから成功に導いている。

　これは先ほどの事例でなくとも、医師や看護師、社会福祉士、保健師、民生委員まで、支援にあたる人にとって、誰しも必要なことであり、普遍的なことである。その結果、自分にもこのようなことができるかもしれないと参加している専門職が勇気づけられ、モチベーションのアップや信頼関係の向上につながるだろう。成功事例というポジティブな取り組みの発表により、参加している人びとが横並びになることで信頼感が育まれる。そのうえで、全方位型アセスメントを実施するとより効果的になるのではないだろうか。

2　横並びになり、タグを知っていく

　信頼関係を育むという点では、地域の中で横並びになる体験を、専門性を超えておこなうことが重要ではないかと私は考えている。

　私は、2016 年から孫大輔先生らが東京の谷根千地域でおこなっていたモバイル屋台 de 健康カフェと呼ばれる取り組みに共に参加し、その後、自分たちで兵庫県豊岡市において、YATAI　CAFE という愛称で 4 年ほど継続して実施

＊2　孫大輔「家庭医が街で屋台を引いたら：モバイル屋台による 地域健康生成プロジェクト」日本プライマリ・ケア連合学会誌、2018 年

した*2。この取り組みは、医師や看護師が地域で屋台を引き、まちなかで出会う人びとにコーヒーを振る舞っていく取り組みである。単にまちなかで健康相談に乗るのではなく、地域の中で、医師—患者という関係性を超えて、一市民として出会うことで、関係性の変化が見えてくる。医師という肩書きを横に置き、コーヒーを提供する—されるという関係性で出会い直しをおこなうことで、本音のコミュニケーションが引き出される。コーヒーをくれた人が実は医師だったら、医師の見え方が変わってくる。

　小説家の平野啓一郎は、「分人論」という考え方を示している。個人という分けようもない単位をさらに分けるという考え方だ。人間は一つの固定された自己（パーソナリティ）をもつのではなく、複数の「分人」をもつ。そして、それぞれの分人は異なる状況や関係性に応じて変化し、異なる役割や特性をもつ。たとえば、一個人でも、家族と接しているとき、友だちと接しているとき、仕事をしているとき、少しずつ違う。家にいるときの自分が本当の自分で、仕事をしているときは嘘の自分であると考えるのではなく、それぞれ別の役割をもっているのだと考えるのだ。

　私たちは、医師という専門性の一分人をその個人全体だと考えていないだろうか。医師としての責任や権限が大きい分、個人全体だと誤解しがちである。しかし、本当はほかの分人も数多くある。医師もあくまでも一分人であり、他の分人はあり、役割は存在している。

　YATAI CAFE の取り組みを通じて、医師の医師以外の分人を知っていくことができる。コーヒーを提供したり、屋台で本を並べてみたり、音楽を流してみたりすることもあった。その様子は、医師というタコツボから出てきて、少し自分らしさを発揮する医師であった。あるとき、私はこの YATAI CAFE の取り組みを別地域で紹介したところ、とある医師から次のようなことを言われた。

　　僕も守本さんのように、屋台を引いたりしたいんだけど、このまちでは僕は医師として見られているからどこにいっても、医師として声をかけられる。それは嬉しいことだけど、ちょっと息苦しいんだよね。

医師が医師としての役割を地域で全うすることにやや疲れている印象を受け

た。医師を医師としての専門性のタコツボに押し込めているのはもしかすると、まわりの環境なのかもしれないなと感じた。医師の医師以外の分人を住民や多職種側も知っていったり、引き出したりしていくと、もしかすると、タコツボから出てくる医師は増えるかもしれない。横並びになってみる、共に楽しんでみるところから権威性がなくなっていき、本人の資格以外の分人も見えてくるだろう。

　これは、医師以外の専門職にも同様である。これまでは、職場でルールの遵守が言われ、業務内容をはみ出れば批判されていたところに、急に狭間を埋めるべしと言われても、OSが切り替わらない。急にタコツボから出てくることを指示されても、そんなに簡単にはいかないぜと怪訝な目で見ることになる。時に、タコツボから出たことによって、タコツボから出た人に業務が降り掛かり、せっかくタコツボから出たのに、仕事が増えてしんどいといった経験をする場合も少なくない。タコツボから出てくることを金銭的にも、文化的にも、賞賛するような地域社会にしていかなければならない。

　専門職の専門性とは、単に専門知識や技術による専門性だけで成り立っているのではなく、市民性の上に成り立っているのではないかと私は考えている。市民性とは、そのまちをよくしていきたいという想いや行動である。専門性というタコツボから専門職が出てくるのは、目の前の人をよくしたいという想いやなんとかしたいという意地である。これらの想いや意地は、育まれた市民性から湧き出てくるものではないだろうか。市民性は押しつけられて湧き出てくるものではない。単に支援する―されるという関係性ではなく、当事者から学ぶことがあり、教えられることもあるような循環的な感覚をもち、自分が行動することで相手やまちがよくなっていくという実感が湧くことによって育まれていくのではないだろうか。そのためには、全方位型アセスメントを実施するなかで、スキルが向上し、うまくいくという正のフィードバックがあることも重要だ。さらに、単に支援者として支援をするだけではなく、肩書きを一度横において、屋台を引くことも、相手の分人を理解し、信頼関係を育み、タコツボを出てくる専門職が増えていく第一歩なのかもしれない。市民性を育てる専門課程の教育の普及も地域の中で目指していきたい部分である。

　全方位型アセスメントが効果的におこなわれるためには、市民性やタコツボ

から出る専門職の存在が必要だろう。地域が育まれるなかで、市民性やタコツボから出る専門職がいつのまにか当たり前になり、地域の文化として根づいていくことを期待したい。

もりもと・よういち………1993年生。兵庫県出身。医師。修士（芸術）。自治医科大学在学時から医療者が屋台を引いて街中を練り歩くYATAI CAFEや地域診断などの地域活動を兵庫県北部でおこなう。2020年に一般社団法人ケアと暮らしの編集社を設立し、社会的処方の拠点としてだいかい文庫を開館。現在は、保健所と診療所で働く。共著に『ケアとまちづくり、ときどきアート』（中外医学社）など。

3章　対談①

重層的支援体制整備事業の実施に
「全方位型アセスメント・支援」が有効な理由

1　多機関連携が「情報共有」で終わっている現状

土屋　私は静岡県で「全方位型アセスメント・支援」の手法を導入しているのですが、導入したのには理由があります。全国を見て回るなかで、たとえば地域ケア会議では、行政から「地域ケア会議を年〇回実施してください」というオーダーが出ているので、とりあえず地域ケア会議を実施することが目的になり、やりっぱなしでモニタリングや進捗管理もおこなわず、課題解決には至らないというケースが散見されていました。

　ほかにも、多機関連携が単なる情報共有の場にとどまってしまったり、責任の押しつけ合いで終わってしまったりして、ましてやチームアプローチのための支援計画や進捗管理は十分にできていなかった、という問題があったと考えています。

　なぜこのようなことが起こるかといえば、それはつまり、多機関協働事業においては多機関が連携することはあくまで手段であり、連携したうえで個々の事例の課題が解決されることが目的であるべきなのに、従前の事例検討会のやり方ではそれができなかったという実情があるからだと思っています。

　一方、重層的支援会議は実施することや多機関連携が目的ではなく、重層的支援会議を手段として使用して、複合的な課題を解決することこそが、その目的になります。当然、今までのやり方ではうまくいかないということを関係者は薄々感じていた。そこで全方位型アセスメント・支援が重層的支援会議にぴったりだ、ということで、この手法に期待が寄せられ、導入に至ったのです。

2　実際に導入している自治体の例

竹端　具体的に、現場で進行している自治体があれば教えてください。

土屋　鳥取県の北栄町です。令和2年の地域福祉計画策定から重層的支援体制

整備事業にはかかわってきましたが、それ以前から総合相談に対する取り組みをしていたので、平成の時代から全方位型アセスメント・支援を使った事例検討会をおこなっていました。コロナ禍前は私が2カ月に1回程度訪ねて事例検討をおこなってきました。その後、市の担当者（社会福祉士）が全方位型アセスメント・支援を使用した事例検討会を適宜実施し、そのまま本事業の重層的支援会議に移行しています。

静岡県内では、小山町です。令和2年度から移行支援事業でかかわり、毎月1回定例で実施し、3年目を迎えています。最初のころは重層的支援会議のイメージがもてず、「何をさせられるのだろう」というような不安もあったようですが、回を重ねるごとに理解が進み、問題や課題の出し方、役割分担等がスムーズに進むようになりました。最初の頃は役割を振られた参加者が引いていたのですが、最近では課題の内容から自らの役割を認識し、進んで手を挙げるようになっています。進行役に関しては担当者の異動があって私が進行していますが、3年が経って参加者がこの会議の意味を十分理解してきています。参加者も事例に応じて弁護士や保健所、障害や困窮、子ども相談や民生委員や弁護士等を招集してもらい、多職種による知恵をもち寄って、課題解決へと向かっています。モニタリングも定期的におこなっており、支援チームや支援主幹部署が明確になり、重層的支援会議での検討を終結した事例もいくつか出てきています。このように、重層的支援会議をおこなうことにより「塩漬け事例」が動き出すことは明確になってきています。

3　多職種連携の最大課題①「押しつけ合い」を乗り越える

竹端　これまで自治体が行ってきた多職種連携の最大の問題は、事例検討会をおこなうと専門職同士での役割の押しつけ合いになってしまっていたことだと思います。その原因はどこにあるのでしょうか。そして、全方位型アセスメント・支援の手法ではなぜそれが起きないのでしょうか。

土屋　たとえば、精神障害で引きこもっていたことで体重増加し栄養指導が必

要、というケースがあるとします。栄養指導を担う保健師が、事例検討会で「市の窓口まで来てもらえるなら対応します」と発言しました。参加者は「えっ」となります。引きこもっているわけですから。そこで議論し、課題へのアプローチ方法として、アウトリーチの必要性を確認しました。ほかにも、保健師さんは本人との面識がないので、本人と関係性ができている困窮相談の担当と2人で訪問しましょう、といった具体的な方法も議論されていきます。そうすると、その後の3カ月後のモニタリングでは、改善が見られたという報告があがってきます。

　このように、かかわった人たちも、「塩漬け」にされていた事例が動き出したことを実感できる。また同じような課題があったときには、すでに成功体験があるので多機関にサポートを依頼しつつ、自ら支援に手を挙げることができるようになっていきます。役割分担も根拠が明確なので、振られたほうも納得して引き受けてくれるんです。

竹端　そこをもう少し掘り下げてもよいでしょうか。「塩漬け」だったケースが多機関連携によって動き出すことで、参加している支援者が「私が一人で抱え込まなくても大丈夫だ」と理解していった。そして、全員が問題や課題を理解したうえで、「この部分であれば自分が担えます」という積極性を引き出した、ということでしょうか。

土屋　そうです。通常だと、事例検討会をおこなってもその場での結論が出ないことが多いと思います。特に生活保護になったケースでは、保護の支給決定が出ると保護のケースワーカーに丸投げして、今までかかわっていた関係機関が手を引いてしまいます。しかし、そのケースの当事者に精神疾患や認知症等がある場合、保護の担当者だけでは対応困難です。その際に、重層的支援会議をおこない、問題・課題をアセスメントし、専門職がかかわる課題と、生保ワーカーがかかわるべき課題とを整理することにより、生保のワーカーの肩の荷が下りる。このことにより当事者は適切な支援が受けられるし、支援者もチーム対応になって、重圧から解放されることになります。

当事者に適切な支援が提供されることが最大の目的ですが、支援関係者の負担を軽減させるということも重要な役割を担っていると思います。全方位型アセスメントを使った事例検討会ではその点が理解されるので、参加者も自分ごとになり、協力体制が構築されてくるのです。

竹端　逆に、今の地域ケア会議で実施されている多機関連携会議は、けっきょくのところ問題の解決につながっていないから、参加するインセンティブにもつながっていないということですよね。

土屋　地域ケア会議の場合は地域包括支援センターが主催しますよね。そこで役割分担をしようとすると、おそらく「包括が大変だからこっちに振ってくる」という感覚になるのではないでしょうか。生活困窮の自立相談支援機関がかかわっている事例でも、「自立相談支援機関がすでにかかわっているので、今さら私たちがかかわらなくてもいいのでは」とか、「何をすればいいのかわからない」と捉えられてしまいがちです。

4　多職種連携の最大課題②「担当者のつるし上げ」を乗り越える

竹端　これまでの事例検討会では、「押しつけ合い」だけでなく、事例提出者の「つるし上げ」になっていたことも大きな問題だと思います。「あなたはこんなこともやっていないの」と。

土屋　支援者の今までの対応を批判したり、上から目線で指導したりするのは、よくあるパターンです。しかし、全方位型アセスメント・支援では一切そのような対応はしません。
　この手法を使った会議では最初に、この事例検討で何を検討してもらいたいのか（課題）を出してもらいます。ところが、結果として提出者の思っていた課題と、事例検討後の課題が大きく変わることもあります。それは、支援者のせいではなく、みんなで検討した結果、新たな課題が見い出せたからです。

竹端 提出者が思っていた解決方法とは違うものになったとしても、嫌な気持ちにならないのはどうしてでしょうか。

土屋 まず、「権威のある人」が頭ごなしに否定したりしない点です。全方位型アセスメントでは、まず参加者全員で問題の合意形成をおこない、その問題に対する課題を出し合って、課題へのアプローチをみんなで議論していきます。このプロセスの中で事例提供者自身が「あっ！ 自分はそれをやってなかったのか」と自然と気づいていく。だから、ダメ出しをする必要がないんです。最後に事例提出者に感想を聞いてみると、「うすうす課題を感じていながら避けて通っていましたが、よく理解できました」「専門性の違う立場からの意見が参考になりました」「自分の知らなかった制度につなげる必要性を感じました」と前向きになっています。

竹端 全方位型アセスメント・支援を用いた事例検討会は、みんなで考え合うような会議で、他の人の意見を聞きながら、「自分の見立てはこうだったかもしれない」と振り返る機会になるのでしょうか。

土屋 そうですね。事例検討会における情報収集のステップでは、情報をもっているのが事例提供者だけなので、質問が集中します。しかし、そのあとの問題点を抽出するステップ以降は、基本的に参加者が考える部分になるので提出者の出番は少なくなり、責められる部分はありません。参加者全員で議論する場となるからです。事例提出者の手を離れ、純粋にこの事例にどのような支援が必要か、という議論になっていきます。

　全方位型アセスメント・支援は、参加者の知恵を結集して解決へ向かいます。この時点で支援者が十分に対応できていないところは、誰が対応するのかという議論になるので、事例提出者ができていなくてもそれは否定されず、今後の課題と取り組みとして整理されていくわけです。今まで「自分一人でやらなきゃ」と思っていた肩の荷が下りていく。

竹端 それはつまり、事例提供者の「取るべき責任」と「取れるはずのない責任」が仕分けされ、自分のすべきことが明らかになるから、たとえこれまでの自分の見立てが間違っていたことに気づいたとしても、傷つかないということですね。いわば「今まで一人で苦労してきて大変でしたね。これからはチームで対応しましょう」ということですね。

土屋 そうです。たとえば、「70歳・高齢男性。ADLは自立しているが、統合失調症の治療が中断していて、地域と頻繁にトラブルを起こしている」という事例があったとします。70歳という年齢にだけ着目すれば、地域包括支援センターにつながりますよね。しかし、地域包括支援センターはいくら専門職がいるとはいえ、統合失調症で治療につながっていない人を入院や治療につなぐことは困難です。

そこで地域ケア会議や重層的支援会議に精神疾患の専門職（精神科相談員や精神保健福祉相談員）を呼んで、全方位型アセスメントを実施します。その結果、高齢者であることではなく、統合失調症の適切な治療ができていないことが問題の本質だということが共有され、「治療につなぐ役割を担うのは地域包括支援センターではなく、医療関係者ですね」ということが明確になります。

入院治療が実施され、本人が安定してきた段階で地域に戻る際に、訪問看護や介護サービス、見守り体制構築が必要な場合は、再度、地域包括支援センターなどがその役割を担うことになると思います。本来、地域包括支援センターのみで対応困難な事例だったので、適切なアセスメントによる役割分担が実施されることにより、地域包括支援センターが責められるのではなく、関係機関連携により困難事例が解きほぐされていくのだと思います。

5　ファシリテーター養成のポイント

竹端 静岡県のように全県的に推進するとなると、現場の人が事例検討会の際のファシリテーションを進行する場面も当然出てくると思います。

現場からは「土屋さんがいないとできない」とか「自分たちで進めるのは無理だ」というような戸惑いの声は出てこなかったのでしょうか。

土屋 よく言われるのですが、再現性のあるスキーム構築がなされているので、訓練すれば誰でもできるようになりますよ、とお答えしています。

　研修の中でも話はしましたが、全方位型アセスメント・支援の特徴の一つは、再現性のある事例検討をおこなうことです。再現性とは、あるスキームに従うことにより誰が実施しても一定の成果が出るようなもので、医療現場などでは重要視されている概念です。たとえば、どこの医療機関に受診しても、同じような診断がなされ、薬の処方箋が出てきますよね。よほどのことがない限り当たり外れはありません。一方で、福祉現場では属人的なスキルに委ねられることが多く、再現性が乏しい。支援機関ごとの当たり外れが大きいのが現状です。

　全方位型アセスメント支援は、事例検討を進めるうえでのスキームをあらかじめ用意してあるので、訓練を積むことにより一定のスキルは取得できるようになっているのが特徴です。同じ事例を使用しても、そのときの参加者の知識量や専門性の偏りなどにより多少の差は出てくるのですが、支援の方向性等に関しては誤差の範囲といえます。

竹端 ファシリテーターやコーディネーターはどのような人が担うべきだと考えますか。

土屋 重層的支援会議に上がってくる事例は、そもそも多機関協働が必要な複合的課題を抱えているケースなので、多機関が連携することが前提になっています。その際、中核機関はあくまで中立な立場で事例にかかわり、コーディネートすることがポイントになります。このとき、個別支援にかかわらないということが中立を保つうえで重要です。そうすると、課題に対応するための役割分担を振ったときに、振られた相手も納得できるからです。

竹端 個別支援（事例）に直接かかわっていない中立の立場、いわゆるスーパーバイズ機能をもっていて、現場のことを広く理解できているコーディネーターをどれだけ増やせるかということが大きなカギになるのですね。

　土屋さんがかかわっている自治体では誰がどのように対応しているのでしょうか？

土屋 鳥取県の北栄町では、行政の社会福祉士がその役割を担っています。三重県津市では、コロナ禍以前から地域包括支援センターの地域ケア会議で全方位型アセスメント・支援を実践してきました。最初の1年目は私が進行し、2年目以降は現地の包括職員が順番で進行役を担いました。

　情報共有や問題、ストレングス抽出の部分はみな上手に進行できるのですが、問題の背景が共通しているものをまとめたり、課題を言語化したりする部分が難しいということなので、その部分はアドバイスします。役割分担や具体的方法は参加者から意見、アイデアを出し合うのでなんとかなります。また、進行者も一人で大変であれば、主進行者と副進行者2人体制で実施することも推奨しています。主進行者が行き詰った際に副がサポートに入る、というように。

　訓練を進めれば、スキームに沿って会議を進めることが可能になります。車の運転と一緒で免許取得後すぐにスムーズな運転はできませんが、練習することにより運転も上手になり、余裕も出てきます。私自身も年間100事例ほど対応していくなかで、初見の事例でも、過去の経験値からどのような支援者に参加してもらえばよいのかとか、この事例のポイントはこのあたりかなというような予測を立てることが可能になってきました。ですので、「習うより慣れろ」の視点が必要だと思います。

竹端 しかし現時点で、国では重層的支援会議の実施についてはスキームを具体的に示したり、研修したりはしていませんよね。

土屋 過去に介護保険制度で地域ケア会議を推進しようとしたときには、国は地域ケア会議開催の手引きをつくり、具体的なスキームを提示していま

した。出席者の内容から会議の進行方法に関することまで、タイムテーブルも作成していました。内容の是非はあると思っていますが、担当者が頻繁に変わる自治体にとっては、マニュアル化されているものはマネしやすい。一方で、地域ケア会議の目的が十分に理解されず、会議の開催が目的になってしまい形骸化してきたという事実もあります。

　今回の重層的支援会議は、会議の目的と役割・機能は明確に示されていますが、具体的な方法や機関設置に関しては市町村の実情に応じて、となっています。連携担当者は行政の担当者でも構わないというようなことも表記されています。従前から総合相談や地域ケア会議などで多機関連携を実施してきた市町村は、そのまま継続すればそれ自体が重層的支援会議なので全く問題ないのですが、そういった自治体は少数です。そのような自治体に自分で考えろというのも酷な気がします。

　そこで、前著である『「困難事例」を解きほぐす』の中で示してきた全方位型アセスメント・支援が有効だと考えました。個別支援はもとより、多機関連携の手法として地域ケア会議や重層的支援会議で活用できる一つの具体的スキームとして示しているわけですから。すでに自治体として取り組めているところはその方法で取り組まれればよろしいと思いますが、具体的に何をしてよいかわからないという自治体にとっては、導入する価値はあると思っています。そういったこともあって、静岡県では以上のことを提案させていただき、多くのところが導入に至ったということです。県外でも岡山県総社市、三重県志摩市、松阪市、山口県周南市、奈良県広陵町、滋賀県大津市、愛知県名古屋市等で活用していただいています。

6　いかにして役所のセクショナリズムを超えるか

竹端　個別の法律で動いている行政機関や相談支援事業者が、この事業の共通理解（規範的統合）をする際に、全方位型アセスメント・支援という概念を入れないと具体性を欠き、厚労省の資料やポンチ絵の理解に終わってしまう気がするのですが、実際にはどのように進めているのでしょう

か。

土屋 私が静岡県でアドバイザーをしている人口 14 万人の焼津市では、規範的統合の手順として、担当者から市長へのレクチャーをおこない、この事業に積極的に取り組もうという同意を取りつけました。市長からの指示で部長級管理職（福祉部以外の総務、人事等も含む）に事業説明をおこない、各課長に指示を出して課長級クラスの研修、そして係長・主査クラス、現場職員と波状的に研修をおこなっていきました。同時に、実際の事例を使用した重層的支援会議もおこない、参加者の合意形成を深めることで、本事業の重要性の理解と認知が深まっていったという経緯があります。この展開は、担当者の依頼という形ではなく、部課長含めたプロジェクト会議の意思として進められていたのでスムーズな展開となっていったことが大きいです。

　また、全方位型アセスメントによる重層的支援会議をおこなうなかで、今までできていたと思っていた行政内の連携においても不十分であったこと、また行政以外の機関（精神科病院・法曹関係・NPO 等）との連携の重要性が理解され多機関協働の大切さを理解するきっかけになりました。

竹端 いわゆるセクショナリズムの壁を超えることをもっとも嫌がるのは行政ではないかと思うのですが、重層的支援会議をおこない、具体的事例が解決に向けて動き出していく様子を、各部署や参加している多機関・専門職が体感することによって、規範的統合が促進されるということですね。

土屋 現時点では、本事業に移行する前の移行準備期間でかかわっている市町がほとんどなので、重層的支援会議をおこなう際には、実際に事例検討に参加する助言者（10 人以内）のほかに、今後関係するであろう機関や専門職の方にオブザーバーとして会議の様子を見ていただくようにしています。

7 個別支援から地域づくりへ

竹端 重層的支援体制整備事業には、多機関協働事業があり、その中に重層的支援会議や参加支援事業、アウトリーチ等を通じた継続的支援事業、地域づくり事業などがあります。全方位型アセスメントを使うことで見えてきた課題が、これらにどうつながっていくのか、そのあたりをお話しいただけますか。

土屋 重層的支援会議というのは、原則個別支援の会議ですが、その中から見えてくる課題はいろいろあります。たとえば、引きこもり状態にあって本人に会うことができない、そのような場合は、本人との信頼関係を構築しながら時間をかけてかかわりをつくっていこうということになります。そこを担うのがアウトリーチ等を通じた継続的支援事業です。今までも子ども・障害・高齢・生活困窮それぞれの分野でアウトリーチは手法として実施してきていたのですが、それぞれの法律の対象にならないような人に関しては、この事業で対応できるようになってきます。この事業に関しては、社会福祉協議会以外にも生活困窮事業で家計相談や学習支援を手掛けてきたNPOはじめ様々な受け皿が手を挙げてきていますので、有効な支援になるのではないかと期待しています。

　あるNPOでは、アウトリーチ事業を実施する際に専門スタッフによるアウトリーチだけではなく、市域ごとに支援ボランティアを配置し本人に近い場所で支援を展開できるような工夫をしています。そういったことの積み重ねで本人との信頼関係が構築されれば、本人の思いを聞くことが可能になってきますよね。たとえば「そろそろ、社会復帰を目指したい」とか「就職は無理でも職場体験やボランティアがしてみたい」とか。このように、個別支援から見えてきたニーズに合わせて、個の参加支援をやっていきます。参加支援というと引きこもりの居場所をつくるというようにハード面の設置のイメージがありますが、居場所をつくっても「そこには行きたくない」という人もいるので、個別のニーズ

に合った参加の場をコーディネートするということが求められます。

　たとえば、「青空のもとで仕事がしてみたい」という思いがあれば、農業や牧場での受け入れ先を探しマッチングするとか、「手先の器用さを活かした仕事がしたい」という思いがあれば、町工場等での受け入れ先を探すなどの個別のニーズに沿った参加支援を行うことがこの事業に求められています。鳥取県北栄町では、参加支援の受け皿のインセンティブを高めるために、参加支援事業で引きこもりの本人を引き受けていただいた事業所や個人に対して、協力金を補助する制度を実施しています。アウトリーチ等を通じた継続的支援事業とか参加支援事業というように事業名はそれぞれ分かれていますが、このように、重層的支援会議、アウトリーチ等を通じた継続的支援事業、参加支援事業は一体的に実施されることが望ましいと思います。

　このような事業につなぐとしても、重層的支援会議でしっかりと長期的な支援計画が立てられていないとうまくつながりません。重層的支援体制整備事業はあくまでも市町村事業であり、国が示したガイドラインを咀嚼し、自らの市町村の人材や社会資源、ニーズに合った体制をつくらなければうまくいかないと思います。

竹端　あくまで個の支援に基づいた地域づくりが重要ということですね。

土屋　決して参加のための場をつくるなという話ではありません。それはそれで大切なことだと思いますし、従前からおこなわれてきていることです。これからはそれだけではなくて、個の支援に基づいた地域づくりの視点が重要になってくるということと、その視点が支援者に求められてくるということだと思います。

竹端　ということは、現在介護保険制度で実施されている生活支援体制整備事業の生活支援コーディネーターとは違う立ち位置になるということですね。

土屋　生活支援体制整備事業の生活支援コーディネーターの役割は、介護予防につながるような地域づくりと、今後ヘルパー等の減少により不足してくる生活支援サービスを、支え合い活動により創出しようというもので、あくまで介護保険ベースで制度設計されています。

　今回の地域づくりにおけるコーディネーターというのは、介護保険制度による地域づくりにとらわれず、共生社会の実現を目的にすべての人たちを対象とした地域づくりを視野にするという立ち位置になっています。

竹端　現状では、その二つがごちゃごちゃになっていて整理がつかないような状況になっているように思います。生活支援体制整備事業のコーディネーターは、原則個別支援はしない建付けで、介護予防的な地域つくりを住民主体で行うというスタンスだし、一方重層的支援体制整備事業では個別支援から見えてきた足りない社会資源をつくり出すための取り組みをしようとするように捉えられるので、少しベクトルが違うように思うのですが。

土屋　たしかに、生活支援体制整備事業のコーディネーターは、原則個別支援はしない建付けになっていますが、この事業は介護保険法の市町村事業である包括的支援事業に位置づけられていて、平成27年までは地域包括支援センターの総合相談支援事業の中でおこなっていた地域づくりから分離した事業なのです。要するに、もともとは包括支援センターが個別支援をしながら、そこから見えてきた地域課題を把握し、地域に働きかけて課題解決のためのネットワーク構築や社会資源開発をおこなうというものでした。

　しかし、高齢者人口や要介護認定者、一人暮らし高齢者の増加等により対応困難になってきたため、消費税財源をもとに始められたのが生活支援体制整備事業なのです。この事業では地域包括支援センターが個別支援を行い、そこから把握された地域課題を受けた生活支援コーディネーターが地域に働きかけて地域づくりを行うというのが基本スキーム

なので、この事業も個別支援から地域づくりをするという点では共通しているのです。

　一方で、生活支援コーディネーターの8割以上が社会福祉協議会に委託されたこともあり、制度理解が十分でない市町村においては、包括と社協（生活支援コーディネーター）の連携がないまま、介護予防や生活支援体制構築が意識されていない従前の地域づくりがおこなわれている地域が散見されているのが現状です。個別ニーズによらない地域課題を把握しながら地域づくりをする手法はコミュニティーワークといいますが、どちらかというと現状での生活支援体制整備事業はこちらに偏っているところが多数です。

　一方で、重層的支援体制整備事業は、個別ニーズに基づく支援体制造りや地域づくりを基本とするところから始まるので、コミュニティソーシャルワークの手法に重きを置いていると思います。また、それだけにとどまらず、福祉課題以外の地域課題に目を向けるという視点も加味されており、まちづくり等も含めた様々な課題にも対応できるようなそれぞれの課題に興味関心をもって活動されている人を集め、課題解決のための協議をおこなう場（プラットフォーム）づくりを推進することもコーディネーターの役割としています。

8　個別支援から始まる循環こそがコミュニティソーシャルワーク

竹端　現場では、コミュニティーワーク派とコミュニティソーシャルワーク派とに分かれているように感じますが、土屋さんはそのあたりをどのように捉えていますか。

土屋　現在、二つの事業に同時にかかわっていますが、生活支援体制整備事業の協議体（住民主体）にかかわる場合、コミュニティワークの手法で介入すると、「地域課題ってなんだろうね」というスタンスから入りがちですね。そうすると「高齢者が多い」とか「ゴミ捨てに困っている人が多い」、「免許返納等で移動手段がない人が多い」というような包括的な

話になってしまい、個別に困っている人の顔が見えてきません。

　今、私の自治体で協議体にかかわるときには、「実際に困っている人のリアルなニーズを把握しましょう」というスタンスでかかわっています。「この自治会内にはゴミ捨てがうまくできない A さん・B さんがいるよね」、となったときに、その人たちはなぜゴミ捨てができない状態になっているのかということを把握すると、同じゴミ捨ての問題でも、A さんと B さんの問題・課題は異なっているのです。それが、個別化なのです。単にゴミ捨てができない高齢者の問題とカテゴライズしてしまうと、本人のニーズに沿わない支援がおこなわれてしまうか、支援を始めても利用する人がいないという事態が起きてきます。

　同様に、一人暮らし高齢者が多いので地域に居場所をつくっても、誰も利用しないとか、生活支援ボランティアを組織化したのに誰も利用してくれないというような現象があちこちで起きています。ところが、「この地域には一人暮らしで閉じこもり状態の人が 5 人いるね」、「このままにしておいたら認知症の進行や ADL の低下が心配だね」というリアルなニーズを把握していれば、居場所をつくりながらその 5 人に働きかけることにより利用の促進や介護予防につながっていきますよね。そして、居場所ができれば地域資源となり、新たなニーズに対応できるようになります。個別支援から地域課題を見出し、その課題に対応できる地域資源をつくる、そして新たな地域資源が個別の支援につながる、この循環がコミュニティーソーシャルワークだと思います。

　従来のコミュニティーワークにも、当然個別支援が前提にあったはずですが、現状でのコミュニティーワークは、個別支援と乖離した状態でおこなわれているものも散見されています。そういう意味ではこれからの地域づくりは、より個別支援から始まるコミュニティーソーシャルワークを意識する必要があると思っています。

竹端　その一方で、個別支援で次々出てくる課題にモグラたたき的に出てきた問題に対応し続けなければならなくなり、対応していてもきりがないという考え方も出てくると思うのですが、そこはどうお考えですか。

土屋　個別の類似している問題が複数確認されれば、それは個別ではなく複数から確認された地域課題（コミュニティの課題）となります。ようするに、個別の問題から類型化された地域課題となってくるので、その課題に対応する地域づくりをしていくことで同様の課題を抱えている複数の人に適切な支援が届くことになります。また、その後に同じような問題を抱えている人たちにも支援が届きやすくなってくるので予防的効果も生まれてきます。そういう意味では、終わりのないモグラたたきとは違うと思います。

　　　いわゆるモグラたたき状態になってしまうのは、次々出てくる問題に、個別に対応しようとしてあたふたしてしまうので起きている状況だと思います。個別の問題の背景を確認し、問題を束ねて問題の構造を見極めたうえで課題化するという視点をもてば、あたふたせずに対応可能になるはずです。このような対応をすることによってモグラたたきにはならないはずです。

9　重層的支援体制整備事業の意義

竹端　現場で日々困りごとと向き合っている支援者に全方位型アセスメント・支援の手法が必要であることはよくわかったのですが、現場ではない管理職の立場の人、または首長や議会はどうでしょうか。トップがその必要性を理解できないと、行政の施策には反映されないと思うのですが、そのあたりはどうしたらいいのでしょうか。

土屋　重層的支援体制整備事業の目的は、地域共生社会の実現です。しかし、この事業は法律で義務的に実施されるものではなく、社会福祉法に位置づけられた任意事業です。多くの自治体は任意事業なので、実施の根拠が明確にないと手をこまねいて実施まで時間がかかります。その根拠をつくるためには、まず地域福祉計画等に明確に位置付け、行政内のこの事業における理解を促進するための規範的統合研修をおこない、首長の

理解のもとに進めることが必要だと思っています。

　また、断らない相談支援に関しては、制度の狭間や複合的な課題を抱えていて困っている人がいたらつないでください、関係機関が連携して課題解決しますよ、ということが、はっきりと言えるような体制を構築するということです。このことは、行政にとっても、首長にとっても最大のメリットになるわけです。まして、どこの相談機関につながってもしっかりと困りごとを聞き取り、必要に応じて多機関が協力してその解決にあたり、放置させないための体制構築は、今までの縦割り行政では実現し得なかった最大の福祉サービスの課題です。ここがクリアできれば、住民にとっても行政にとってもウィンウィンの関係になります。

　しかし、首長は福祉施策のみに対応しているわけではないので、福祉部長クラスが首長に進言できるかが大きな課題となってきます。実際にこの事業がうまく進んでいる自治体の多くは、緩やかなトップダウンで進めているところが多く、現場からのボトムアップでは縦割りの行政組織の考え方を変えることは難しい場合が多いと思います。国の対応としても介護保険の介護予防・日常生活支援総合事業の実施の際にはたしか首長を対象とした研修等も実施していたように記憶していますが、この事業に関しても首長を対象とした研修等をおこなって、この事業の目的と機能と有効性をしっかり認識してもらい、首長として事業の推進をしてもらえるような意識形成が必要かと思われます。

竹端　最後に、この事業を進めようとしている、あるいは悩んでいる自治体の担当者に伝えたいことがあれば、お願いします。

土屋　この事業は、高齢・障害・困窮・子どもと法律ごとに色付けされた国庫補助金の市町村事業における相談・地域づくりの部分を重層的支援体制整備事業交付金として再編成し共生型の支援財源を捻出するという超裏技を事業化したある意味画期的な事業だと、私は評価しています。この事業以前から国の施策にかかわった者としても、この事業が失敗したら次はないとも思っています。合わせて、この事業の実施主体は市町村な

ので、社協や福祉法人等に丸投げすることなく自治体の意思を明確に
もって事業に取り組んでいただくことを切に希望しています。

コラム　ケース会議に弁護士を

青木志帆

1　自治体の福祉・保健部署に弁護士現る

　私は、2015年1月から2023年3月までの間、基礎自治体に任用され、8年あまりの間、福祉と保健関係の部署に配属されていた経験がある。任用された当初は、自席に近い部署の職員が、自分の手持ちケースで法的にどうすればよいかわからないときに「ちょっといいですか」と相談に来ていた。このケースの法定相続人は誰なのか、成年後見制度とはなんなのか、といった基礎的なものから、公営住宅で亡くなった方に身寄りが一切ないのだが、ご遺骨の埋葬をどうすればよいか、といった、開業弁護士をしていたときには全く考えたこともないような相談を受けることもあった。

　緊急性の高いケースや、慎重な行政判断を迫られるようなケースについても相談が持ち込まれるようになるのにそう時間はかからなかった。職員が私の自席に法律相談に来て回答を得るだけでは間に合わなくなり、ケース会議の場に直接呼ばれるようになってきた。こうして、弁護士である私が支援チームに入ることもしばしばだった。

　私が勤務していた自治体は異例だ。普通、福祉や保健の部署の中に、職員として弁護士が在籍していることはほとんどないと言ってよい。私が入庁する前の私の所属先もそのような状況だった。

2　ケースワークの展開過程と弁護士の登場場面

（1）庁内法律相談をケースワークの展開過程で切る

　ケースワークの過程は、①初期面談（インテーク面談）を端緒として対象者の情報を収集し、②収集した情報をもとにアセスメント（分析）をおこなう。そ

して、分析した結果に基づいて③支援計画を立て（プランニング）、④計画に基づいて支援する（介入。インターベンション）。その後、⑤振り返り（モニタリング）をし、うまくいかないことがあれば再度、②アセスメントに戻る。およそ、このようなサイクルで対象者の支援は実施される。通常、この支援の過程で弁護士の関与が検討されるのは、アセスメントの結果としての③プランニングの場面だろう。

たとえば、困窮世帯の高齢の独居世帯があったとする。生活費が不足して、クレジットカードで生活費の決済をしていたら、気づけば100万円以上に債務がふくれあがってしまっていた、というケースを想定する。典型的な多重債務案件なので、支援計画の一つとして、「弁護士のところへ法律相談に一緒に行く」という項目が入るだろう。冒頭で紹介したように、私が入庁直後に職員から受けていた単発の法律相談も、原課職員が打ち合わせをしたアセスメント結果として③「弁護士職員のところへ相談に行こう」という方針になり、相談に来たものと言える。これが、一般的なケースマネジメントと弁護士の接点だろう。

しかし、私が自治体の職員としてかかわっていた仕事は、こうした単発の法律相談にとどまらなかった。ケース会議へ呼ばれて意見を求められる、ということは、現在進行中の生のケースの支援チームに入り、法律家としての軸足を置きながら、支援チーム全体のかじ取りに直接影響を及ぼすところ、つまり①インテークや②アセスメントの段階に参加できることを意味していた。抽象的な話をしていても、②アセスメントからの弁護士活用と③プランニングや④インターベンションとして弁護士へつなぐことと、どのように結論が変わってくるかわからない。そこで、簡単な事例をもとに、違いを示してみることにしよう。

（2）離婚事例で考える──弁護士が近くにいないとき

自殺未遂者支援でよく出会うケースが、家庭内不和である。毎年、自殺対策白書の中の「原因・動機別自殺者数」のデータで、「家庭問題」と「男女問題」を原因とする自殺者数を足すと、「経済・生活問題」を原因とする自殺者数を上回る割合を占め、無視できない割合になる自殺原因だ。

日常的に配偶者から、小言？　いや、苦情？というよりは、誹謗、中傷、いやいやこれは罵倒と言ってもいいようなことを言われてきた人がいるとする。ずっと高ストレスな状況で夫婦生活を営んできたが、ついに配偶者が「お前みたいなやつとこれ以上一緒に暮らせるか！　離婚じゃ。出ていけ！」と言い始めた。すると、それをきっかけに配偶者は堰を切ったように「キモい。なんでお前みたいなのが生きてるんだ。早く死ぬか出ていくか、どっちかにしてよ」といった暴言を、これまで以上にぶつけてくるようになった。本人はそれに耐えかね、どうすればいいかわからなくなり、鴨居にビニールロープの輪をかけてしまい、精神科病院の救急へ搬送されてしまう、といった具合である。

　こうした自殺未遂事案につき、退院後の支援をするとき、どのようにアセスメントするだろうか。③プランニングにおいて、「配偶者の機嫌が悪くなるたびに同じことが起こるかもしれないので、救急要請に即応できるよう体制を整える」と考えるかもしれない。しかしここで弁護士が入ると、すこし“味変”を加えることができる。

（3）離婚事例で考える──弁護士が近くにいるとき

　夫婦間で暴言を伴う離婚紛争になった場合、もはや弁護士に依頼し代わりに代理人として交渉してもらわない限り、離婚が成立するまでずっと悪口雑言にさらされなければならない。別居できたとしても、その後も離婚届に判をつくまで、電話、メール、LINE、家族経由、ありとあらゆる方法で連絡を取られ続けるかもしれない。離婚とはもともと健康な精神をもっていた人でも心療内科を受診するほど消耗する状況であるのに、老齢あるいは精神疾患などで弱っている人であれば、もともとの病気による希死念慮にブーストをかける事態に陥る。その人が心療内科へ行こうと考え、実際受診できたとしても、家に帰れば暴言配偶者が待っている。この状況を解消しないと治るものも治らない。そういうときは、弁護士に依頼すれば、相手の暴言も含めて弁護士が「盾」になり、すべての連絡の窓口になる。それだけで、費用を支払う値打ちがあるだろう。行政職員は、多重債務を課題とするケースで法テラスなどの法律相談へ市民をつなぐことには躊躇がなくなってきている。しかし、離婚のように紛争性が高い場面で法律相談へつなぐことについては、「私人間の紛争に公が介入す

ることへの躊躇」があるようだった。公務員が離婚紛争の仲裁に直接入るのは避けるべきだが、法的サービスを必要としている人へ、つながる先を探すことに問題はない。安定剤を処方するよりも弁護士のほうが効くかもしれない、ということで、③の場面で「相談を聞いてくれる機関を紹介する」という"プランB"を立ててもらうことになった。

　私は、公務員になった当初は、「早期の法律相談」が重要だと思っていたので、このような"プランB"を立てるよう提案してきた。しかし次第に、「法律相談をできる先を紹介しても、本人は相談に行かない」ということに気づき始めた。「法律相談」という行為そのものが本人にとって負荷の強いイベントであり、まだ弱っている精神的体力では「相談へ行く」という意思決定が難しかったのだ。つい先日自殺未遂という、一生に何度もないできごとがあったばかりの人が、見ず知らずの法律事務所へ行けるか、というとたしかに相当しんどいことである。⑤モニタリングの結果、うまくいっていないことが発覚したので、②アセスメントのやり直しである。

　そこで、法律相談をするにも元気がないとね、ということで、元気を回復するまで側面支援をすることになった。マメに連絡をしてガス抜きをし、道中、本人が離婚手続きについて不安になったら弁護士職員も情報提供をする。こうして、離婚に向き合う胆力がつくのを「（支援しながら）待つ」という"プランC"を選択することができるようになった。

（4）"プランC"があり得る場合

　では、どういうケースで、弁護士のアセスメントからの参加が役に立つだろうか。これは、私としても「弁護士の出る幕がない事例」をも経験しないとなかなかわからないことだった。私個人の思いとしては、「一見弁護士と関係なさそうでも、とりあえず支援困難事例のチームにひとり入れておいてもらえたら何かしら違う視点は提供できる」と考えている。ただ、様々な事情（お金がない、人がいない、どうしたらいいかわからない等）で全ケースに弁護士を入れるわけにもいかないことから、ある程度の傾向は絞ったほうがいいのだろう。

　弁護士が威力を発揮しやすい場面は、①緊急性の高い場面、②対象者（世帯）に金銭的な課題がある場面、③対象者に身寄りがない場合の三点に分けられる。

たとえば、①緊急性の高い場合の一つとして、虐待対応の場面がわかりやすいだろう。私が担当していた高齢者・障害者福祉の分野にも児童と同じく虐待防止法が存在し、同法に基づき行政権限を行使しながら、住民の権利を守ることが求められる。しかし、児童と異なるのは、対象となる高齢者・障害者は成人であり、原則として意思能力がある。このため虐待を受けていても、虐待者から避難（分離）することを虐待を受けている人が強く拒否する場合、「意思決定支援」の理念のもと、虐待を受けている本人の意思を尊重する必要があるようにも思われる。しかし、そうは言っても本人の生命・身体・財産が損なわれることも阻止しなければならない。いずれを優先し、どのように対応するべきか、時々刻々と変わる本人の意思や状況のなかで、弁護士がときに支援チームの一員となって、指標となるべき法律の解釈を提供し続けることには一定の有用性があるのではないだろうか。

　次に、②対象者に金銭的な課題がある場合である。多重債務が典型的な場面となるが、経済的虐待（金銭搾取）や金銭管理に課題がある場合も、弁護士をチームに入れておくと安心できる。逆に、多重債務などは、自己破産申立などの法的整理ができるのが弁護士だけなので、弁護士につなぐと支援チームはひと仕事終えた空気になりがちである。しかし、多重債務に陥った原因や生活が苦しくなった原因に、本人の疾患や障害（典型的な例は買い物、ギャンブルなどのアディクション傾向や、双極性障害など）が重なっている場合や、障害とまでは確定できずとも、少ない収入の中でやりくりすることへの苦手さが隠れている場合は、弁護士が債務を止めるだけでは生活再建できない。弁護士は債務を止める役割を担う一方で、収入を増やす支援、収入の範囲で生活する支援は別に必要である。そうしたチーム支援の「一人のピース」として、弁護士を加えてほしい。

　最後に③対象者に身寄りがない場合は、上記の①②に当てはまらなくとも、ちょっとした体調不良になるだけで、身寄りのある人よりも隠れたところに法的課題がある場合が多い。本人が救急搬送された際、たまたま通報した支援者が、病院から身元保証人を依頼されることもあるだろう。気は進まないが、状況的にやむを得ずサインせざるを得なかったこともあるかもしれない。しかし、そのリスクを正確に把握できている人はどれだけいるだろうか。築40年以上するようなマンションの場合、必然的におひとりで亡くなられてしばらく周囲

の人が気づかない、という事態がこれからますます増えていくだろう。その場合、亡くなっていた部屋の処分はどうすればよいか。いざというときに困らないようにするために、どのような方法があるか。悩みが雲散霧消するような解決方法はないが、手立てが全くないわけでもない。最近、エンディングノートを書きながら終活することを啓発しているが、エンディングノートさえ書いておけば安心か、というとそうではない。「まわりの人に伝えておきたいこと」の内容次第では、エンディングノートのもう一段上の遺言書を残すことを本気で検討してもらわないと、ご本人の思いを実現できないこともあり得る。

（5）"プランC"を実現するために

　しかし、一般的に弁護士は、特定個人から具体的な手続き（「離婚すること」だったり「自己破産申立をすること」）を依頼されることで、はじめてその人の代わりになって法律事務を進めることで生計を立てている。法的課題があるなら、直ちに契約をして代理人となり、相手方からの盾となって戦う、という上記の"プランB"の発想が、弁護士の基本である。そうすると、"プランC"のような「待つ支援（本人が意思決定や行動ができるようになるタイミングを待つための支援）」に対応することはなかなか困難である。

　でも、困難事例のただなかにいる人は、だいたいが"プランC"のような状態であり、自らを困難にする状況を解決する意欲を回復するため、エンパワメントから始める必要があることが多いだろう。対象者がどれだけ法的手続を必要としている状況にあっても、本人がその気になっていないこの段階では、「弁護士の助けがほしい」というニーズは、対象者本人のものではなく、支援者のものといえる。支援者の近くで常時相談を聞き、細かい論点について助言する「スクリーニング弁護士」がいる体制をとれるとよい。そして、「弁護士の助けがほしい」と、ピンとくる支援者であることも、困難事例をときほぐすポイントの一つだ。そのためには、弁護士が入るとどのようにケースが動くのか、イメージできたほうがよい。そのために、拙著『【増補改訂版】相談支援の処「法」箋──福祉と法の連携でひらくケーススタディ』（現代書館、2025年）で、法律が解決の糸口になりやすい13個のケースをあげながら、解説を試みている。

　似たような状況において、弁護士を常時活用可能な状態へ近づける取り組み

図　スクリーニング弁護士

として、児童相談所の弁護士と、スクールロイヤー（学校や教育委員会の中の弁護士）があげられる。児童福祉の場面において自治体に任用され、あるいは委託契約を結ぶことで、職員が抱える法律相談に即時に応えられる体制が整えられつつある。児童相談所については、「法律に関する専門的な知識経験を必要とするものについて、常時弁護士による助言又は指導の下で適切かつ円滑に行うため」弁護士を配置するかそれに準ずる措置をおこなうよう義務づけている（児童福祉法第12条4項）。また、スクールロイヤーについても、令和2年度から都道府県と指定都市教育委員会に、弁護士等への法務相談経費について普通交付税措置が取られるようになっている。成人の福祉行政においては、こうした児童福祉ほどに具体的に法律相談に予算措置を講じるような通知はない。ただ、成人の福祉現場のほうが児童福祉よりもはるかに複雑で法的課題も多岐にわたる。重層的支援体制整備事業の趣旨目的を考えれば、児童相談所やスクールロイヤーよりもいっそう、弁護士への法律相談が必要とされるように思われる。

3　事例検討における弁護士の役割

　本書出版のために開催した模擬事例検討会による全方位型アセスメントに、私も参加させていただいた。詳細は2章をご覧いただくとして、今回の事例は、

上記の「弁護士の力を発揮しやすそうな場面①〜③」のいずれにもあてはまらないため、弁護士が参加するメリットが伝わりづらかったかもしれない。しかし、こうした事例でも、弁護士として判断能力が不安な登場人物がいれば、その人の金銭管理を誰がおこなっているか、それが適切におこなわれているか、については確認することを意識して参加している。この点、模擬事例検討会の事例に限らず、「たぶん同居の家族がやっているだろう」とか、「後見人がいると聞いている」などといったエピソードが出てくることがあるが、この点を確認していなかったがために、とんでもない人（隣人やアパートの管理人など、本人とどのような人間関係だったのかよくわからない人物）が金銭の出納をしていた、という事例もある。

　また、模擬事例は現時点では本人Aさんが、義兄Cさんを虐待するまでには至っていないが、Cさんのサービス利用を制限するような気配を見せるなど、危険水域へ近づきつつあると感じていた。このため、今後の対応方法も、虐待防止の観点から意見を述べている。

　このように、現時点では弁護士が役に立ちそうな場面ではないものの、弁護士はだいたい①〜③にあたらないようにするための、予防法務の観点から質問し、課題整理をする。そうすることで、将来的に、①〜③の条件に該当して本気で弁護士を呼ぶほどの困難事例にならないようにするためでもある。

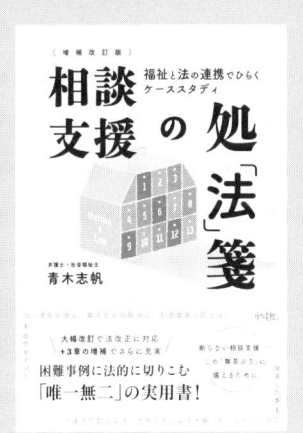

あおき・しほ………大阪府出身。弁護士・社会福祉士。2009年兵庫県弁護士会登録。法律事務所勤務を経て2015年1月明石市役所入庁。2023年3月に市役所を退職し、4月から明石さざんか法律事務所（現職）。明石市役所在職中は、福祉部、市社会福祉協議会、あかし保健所などに配属された。日弁連高齢者障害者権利支援センター幹事。同人権擁護委員会障がいのある人に対する差別を禁止する法律に関する特別部会委員。共著に『憲法を楽しむ』（法律文化社）、『Q＆Aでわかる業種別法務　自治体』（中央経済社）など。

●書籍紹介
青木志帆著『【増補改訂版】相談支援の処「法」箋──福祉と法の連携でひらくケーススタディ』（現代書館）

4章　対談②

「富士宮モデル」の立役者が語る、
重層的支援体制整備事業までの 20 年と今後の課題

竹端　静岡県富士宮市といえば、全国で初めてジャンルを問わないワンステップの総合相談体制と地域包括ケアシステムをつくったことで有名です。土屋さんは富士宮市の地域包括支援センターの初代センター長であり、「富士宮モデル」の立役者でもあるわけですね。

　今日は、土屋さんが富士宮市の総合相談の仕組みづくりに奔走されてから、生活困窮者自立支援事業、そして重層的支援体制整備事業にかかわってからの20年近くを総括していただこうと思います。また、全方位型アセスメント・全方位型支援の手法が、今後の地域支援にどのように重要になるかもご解説いただければと思います。

土屋　よろしくお願いします。2021年に重層的支援体制整備事業が始まりましたが、富士宮市や国の委員として奔走していたころから思い起こすと、やっとここまできたんだなというのが率直な思いです。

　私は国の委員会に参画する機会にも恵まれ、制度政策の策定過程にかかわることができ、そこで意見を言うこともできました。しかし、制度をつくってきた厚労省の職員たちも、現在は別の部門に移動してしまっているし、今おこなわれている重層的支援体制整備事業でも、国の担当者は変わっていきます。事業を立ち上げたときの熱意や思いを語れる人はいなくなり、最近は技術論が先行しているような気がします。

　今日はせっかくの機会ですので、重層的支援体制整備事業とはなんなのか、実施に至るまでにどんなことがあったのか、当時の議論や経緯をお話しできればと思います。

1　全国で初めてジャンルを超えたワンストップの相談窓口をつくる

竹端　まずは富士宮市が総合相談を始めるに至った経緯を教えていただけますか。

土屋　もともと富士宮市は平成15（2003）年ごろから、総合相談支援の必要性を感じており、当時の市長の要望で、総合相談をおこなう日を年に数日

設けていました。高齢・障害・子ども・保健師・精神科医の専門職の協力を得ながら、「なんでも相談会」といったようなものです。

このころは、相談を受け付け、どの専門職が聞き取るかをスクリーニングし、その後ほかの課題がある場合は必要に応じて連携する、という多機関連携方式で対応していたと思います。しかし、年数回の実施であくまでイベント型にとどまっていたので、なんとか常設型にできないのかという思いは強くもっていました。

もう一つのきっかけとして、平成17（2005）年度から設置された「地域包括支援センターのあり方検討会」に私が委員として参画していました。議論をするなかで、包括のおこなう「総合相談支援業務」は、高齢者に特化したものではなく、高齢者を含む世帯や地域の問題まで包含する必要があると感じていたことや、複合的課題を抱えている事例が未解決のままであったことが散見されていたので、ジャンルを超えたワンストップの相談対応ができる窓口の必要性を感じていました。

このような前段階をもとに、平成18(2006)年の介護保険法改正によって地域包括支援センターが設置されることになります。地域包括支援センターはあくまで介護保険の範疇ではあるものの、富士宮市ではそこを基盤として、総合相談支援体制を構築しようという機運が高まってきたのです。

竹端　厚労省とのやり取りで感じた総合相談の重要性を、土屋さんが市に提言して実現したということですか？

土屋　そうです。私が市の担当部の係長に提言しました。しかし、当時市役所には専門職配置がなされていなかったので、平成１８年地域包括支援センターが始まった年度に、富士宮市社会福祉協議会から富士宮市直営の地域包括支援センターに私がセンター長として出向することになりました。３年間は出向でセンター長を務めましたが、その後は市の職員として採用され平成21（2009）〜27（2015）年まで勤務しました。

竹端　これまでは縦割り相談で対処していたことを、ジャンルにこだわらずに取り組むということに抵抗感はなかったですか？

土屋　やはり従前の縦割り行政ですと、どうしても複合的な課題をもつ事例が窓口につながったときに、対応できずにそのまま困難事例、未解決事例になってしまいます。富士宮市ではそのような事例を「まずは一度引き受けるよ」という場所ができたことで、他の部署にとってもありがたいことだったと聞いています。

竹端　土屋さんは、平成17（2005）年まで障害者の入所施設に勤務し、施設の課長職や地域療育支援事業（現在の相談支援）をされていたのですよね。知的障害の相談だったら受けられるけど、認知症や、生活保護、精神障害の相談だったら……と自分の不得意な分野の相談が来ることへの不安や怯えはなかったのですか？

土屋　不安はあまり感じていませんでした。なぜなら、地域包括支援センターには専門職が配置されていたからです。医療保健分野の専門職である保健師と、介護保険分野の主任介護支援専門員、ソーシャルワーク分野の社会福祉士です。このような配置があることで、総合的な対応力は高いだろうなと漠然と考えていました。三人寄れば文殊の知恵といったところです。
　　　市のほうでも、地域包括支援センターを設置するにあたり、スキルの高い職員を配置してくれました。県の保健所での勤務経験があり、精神保健福祉士の資格も所持している保健師、実務も含め経験豊かな主任ケアマネ、生活保護、市立病院、保険年金課等の経験のある社会福祉士を配置してくれたので、私としても鬼に金棒のような気持ちでした。

2　法的根拠がないなかで総合相談をいかに進めてきたか

竹端　しかし、富士宮市が総合相談をスタートした際には、今の重層的支援体

制整備事業のように法的な根拠がなかったですよね。どのように進めていったのでしょう。

土屋 その根拠を明確にするために、平成 17(2005) 年に地域福祉計画策定（第1期）の中に、「ジャンルを問わない総合相談支援体制を構築する」という目標を意図的に位置づけました。それによって行政として取り組むべき義務を生じさせようと考えたのです。

　その当時の地域福祉計画は、単に福祉のまちづくりを目指すというような理念計画が多く、個別法に位置づけられていない地域課題に取り組むための計画というのは、まだ少なかったと思います。計画に位置づけたことによって、その後の展開に対する抵抗が少なくなりました。

竹端 当時の市長も取り組みに関して積極的だったと聞ました。

土屋 当時の市長は市議会議員だったときから、環境問題や障害者問題に強い関心がありました。議員時代に障害者計画策定をした際には、私的なワーキンググループをつくり、障害支援の関係者等で勉強会や素案づくり等をおこなっており、私はそのグループのメンバーとしてともに活動していました。

　その後、市長になった直後からライフステージに沿った支援の大切さや、総合相談支援体制の構築が必要だということを常に考え発言されていました。それをきっかけに緩やかなトップダウンの中で総合相談支援体制がつくられ始めたのです。

竹端 福祉に関心のあった市長だから、総合相談支援体制も構築できたということでしょうか？

土屋 現場の責任者たちの協力も大きかったです。総合相談支援体制を構築するときには、私が所属していた福祉総合相談課だけではなくて、福祉部全体の横の連携が必要になりますが、一つの課の課長が課をまたいで横

断的に調整するということは、当時（現在も）困難を極めました。そこでトップの意思を汲んだ部長が、私が部内を横断的に調整できるような体制を各課長に指示してくれました。そのおかげで、私は保健福祉部内では自由に動けることが可能な立場になり、他課の課長の協力も得られるようになりました。

　ほかにも、通常の課長になると職員の管理等がメインの仕事になり、いわゆる現場でのソーシャルワーク業務ができなくなってしまうので、その配慮もしていただきました。具体的には、行政的な仕事を行う事務方の課長を1人配置していただき、課長職待遇の専門職参事として私の職制を位置づけていただきました。要するに、事務職課長と専門職課長を一つの課に配置したということです。

竹端　行政を動かそうとするときに専門職が管理職になってしまうと、現場を動かすことができなくなってしまい、その人の本来のよさを生かせなくなってしまうという話は、あるあるですよね。

土屋　たとえば、長年現場でよい実勢を積み上げてきた保健師さんを、女性管理者を増やすという最近の傾向から児童福祉課の課長に昇格させたところ、職員管理や予算管理、議会対応に追われて特性を活かせなくなってしまった、というような話はよく聞きます。ここは、今後対応が必要な課題だと思っています。

　富士宮市では私が動ける体制ができていたので、現場での様々な会議、たとえば生活困窮事業の支援調整会議、地域ケア会議、困難事例対応のための事例検討会等にも参加できていました。これが今でいう重層的支援会議や多機関協働事業における中核機関的な動きになっていたのだと思います。

竹端　中核機関の核になる人材は行政の課長級であっても、専門職としての動きができるような体制を、自治体の中でつくれるかどうかが今後の課題ですね。

土屋 今後は社会福祉士等の専門職採用が必要になると思いますが、そういったことが起きないように今後は事務職の昇格ラインと専門職の昇格ラインをしっかり分けて、専門性に見合った部署に配置することが必要だと考えています。

3　地域包括支援センターの限界

竹端 平成18（2006）年に設置された地域包括支援センターですけれど、当初は高齢者に限定した相談が多かったのではないでしょうか。

土屋 たしかに、介護保険制度を基盤にしているということもあり、利用される方もどうしても高齢者限定の色彩が出ていました。ただ、私のかかわっていた日本社会福祉士会のメンバーや仲間内では、「高齢者の相談だけを切り離して対応するのではなく、その環境である家族や地域のこともしっかりと受け止める必要があるよね」という見解をもっていましたし、当時の社会福祉士会の地域包括支援委員会の中でも合意形成はされていました。

　しかし、あくまでも介護保険制度の中での高齢者向けの相談機関という位置づけもあり、包括を基盤に総合相談を拡大しようとすると、国庫補助に色づけされている財源による事業からはみ出すことになります。あまりはみ出しすぎると会計検査で指摘されるということになる（実際富士宮市は2015年にこの指摘を受けることになった。後述）ので、どこの自治体も積極的にはおこなわないことになってしまいました。

竹端 やはり制度上の縛りが現場にも影響を与えていたのですね。富士宮市が会計検査で指摘を受けたことについて、土屋さんのご見解をお聞かせください。

土屋 私は平成27（2015）年9月末日で、富士宮市役所を退職していたので、

会計検査には立ち会っていないのですが、その直後の同年12月に介護保険（地域支援事業）に関する会計検査があり、地域包括支援センター等もその対象となりました。その際に富士宮方式、いわゆる介護保険制度内にある地域包括支援センターに一般財源で職員を加配置し、ジャンルを問わない総合相談をおこなうことが、国庫補助の不適切な支出に当たるという指摘を受けることになりました。

その主な理由は、「国からの交付金は、65歳以上の高齢者を対象とした地域包括支援センターの業務に対してのみ支給されるものであり、交付金の対象となっている職員については、地域包括支援センター以外の業務に従事させてはならない」でした。

この部分を解説しますと、先にも述べたように、総合相談は介護保険の交付金で雇用されている地域包括支援センターの職員と、市の一般財源で雇用されている職員がチームをつくり総合相談に対応しているわけなので、当然、包括の職員（社会福祉士・主任介護支援専門員・保健師）も、高齢者以外の相談にも対応し、記録を残すわけです。会計検査では、地域包括支援センターの職員の相談記録をチェックして、高齢者以外の困窮者や障害者、子どもの相談記録があることを指して、このような指摘に至ったということでした。

会計検査というのは、法律ごとに公布されている国庫補助金が、適正に使用されているかを検査するので、いくらモデル的な取り組みであっても法律からはみ出た運用はNGと判断されるのです。ですから会計検査に問題があるというわけではなく、法律ごとの国庫補助の縦割りが生じさせた問題ということになりますね。その後、現在に至るまで各種相談機関の機能を明確に分ける体制に変更されています。

竹端 この部分は、構造的に大きな問題だと思っています。たとえば、共生型サービスができるまで、富山型デイサービスが始まったときも障害児と高齢者を同じ部屋に入れてはいけないとか、入口を別々にしなければならないとか細々とした指導が入っていました。それと同じ構造ですよね。

土屋 そうですね。会計検査員は、福祉の専門家でもなく法律に基づいた検査をせざるを得ないので、これらの問題を解決するためには、法律等の改正が必要ということになると思います。富山型デイサービスもその後の介護保険制度の改正により今では共生型サービスとして当たり前に運営できるようになっています。

　当時の富士宮市も、最大限知恵を絞って総合相談支援体制を構築していたのですが、法律の前には太刀打ちできず、従前の各種相談機関の機能を明確に分ける体制に戻さざるを得なかったということです。もし、当時重層的支援体制整備事業がスタートしていれば、堂々と継続できたわけです。

竹端 そういう意図があって、富士宮市では平成20（2008）年に福祉総合相談課に組織再編されたのですね。

土屋 再編によって、福祉総合相談課内に地域包括支援センター・生活保護、家庭児童相談室、女性相談、等を一つにまとめました。この組織再編もトップダウンで、部長の号令一下のもとに動きました。行政というのはよきにつけ悪しきにつけ、トップダウンで動き出します。

竹端 このような組織は、富士宮市が全国初ですよね。

土屋 法律の異なる部署を一つの課に束ねて総合相談課としたケースは、私は確認していません。他の自治体でも、総合相談の仕組みは構築されていましたが、行政内部で法律の異なる部署をまとめたものはありません。他の自治体では、関係している部署や課から担当者を1カ所に集めて窓口対応するタイプが多かったと思います。東松山市や茅野市等ではそのような仕組みでいち早く実施していました。

竹端 行政が法律や所轄を超えて課をつくったことの、メリットとデメリットをお聞かせください。

土屋 たとえば、DV 対応の場合、通常は情報を守秘しながら警察や保護機関と連携して保護等の対応をするので、多機関とネットワークしチームアプローチをするという視点はもっていません。しかし、保護対象者に精神疾患があり、入院や治療に課題がある場合は、課内の精神保健福祉士等への協力依頼があり、女性相談員と連携して支援体制を構築できます。

　同様に、生活保護ワーカーの抱えているケースでも、生活保護受給者が認知症になって近隣住民とのトラブルを起こしていたり、精神疾患等で治療が必要だが通院拒否しているようなケース、パーソナリティー障害等で執拗に電話をかけてきて、生活保護ワーカーがその対応に時間を取られたり、精神的に追い込まれたりするようなケース等では、包括支援センターが認知症対応やトラブル解消の部分を引き受けたり、精神保健福祉士がパーソナリティー障害の対応を引き受けたり、面接時の対応の仕方をレクチャーしたりすることができます。場合によってケース対応は精神保健福祉士がおこない、給付事務に関しては生活保護ワーカーが実施するというような役割分担も可能なので、生活保護ワーカーの負担軽減や、困難事例の発生を予防することが可能になります。

竹端 生活保護のワーカーなどは、新人事務職員が配属され、いきなり 100 ケースくらいを担当させられ、あまりの辛さに耐えられなくなる、ひどい場合はうつ状態で休職してしまうというようなことはよく聞きます。このような不幸な出来事が起きないように、富士宮市では福祉総合相談課として対応してきたということですね。

土屋 そういうことです。また、総合相談で対応することによって、生活困窮相談にもメリットがたくさんありました。生活困窮者自立支援法は施行される前は、困窮相談は生活保護係が対応していましたが、そうなると給付決定か否かの二者択一になってしまい、支給決定されない場合は支援対象外となってしまっていました。

　総合相談で対応する場合、これは明らかに生活保護基準に該当すると

思われるケースに関しては生活保護申請につなぎ、生活保護ワーカーに詳細な聞き取りと申請支援を依頼します。一方で、生活保護基準には該当していないが生活困窮しているようなケースに関しては、総合相談の中で他の支援策を模索するということになります。つまり、富士宮市では平成 20（2008）年ごろから、後の生活困窮者自立支援法における、生活困窮自立相談支援を実施していたということになります。

4　地域ケア会議は原点回帰すべき

竹端　地域包括支援センターのスタートと時を同じくして、平成 18（2006）年に地域ケア会議が始まりますよね。私は本書の筆者のお一人である伊藤さんと山梨で地域ケア会議の検討委員会等を立ち上げたのですが、振り返ってみると、うまくいかなかったことも多々あったと感じています。土屋さんは、地域ケア会議を富士宮市でどのように実施されてきたのか、また全国の実態をどのように思われますか。

土屋　私は地域ケア会議運営マニュアルの作成にかかわっていました。そこでは、地域ケア会議に一つの定型を示すというより、多様な機能をもつ会議と規定することを示していました。現在広く実施されている自立支援型地域ケア会議（医療・介護等の専門職の助言をケアプランに反映させるとともに、介護支援にかかわる方の資質向上やケアマネジメント支援、地域課題の確認をおこない、高齢者の介護や生活支援のほか、心身の状態の改善や重度化防止を図ることを目的としている）のみが地域ケア会議ではなかったのです。

　しかし年数が経つうちに、自立支援型地域ケア会議のみが地域ケア会議であるというような風潮が生まれてきました。理由の一つとしては、厚労省が自立支援型地域ケア会議の運営の手引き（会議の進行方法まで提示）を作成し、奨励したこと。また、自治体の担当者も入れ替わり、本来の地域ケア会議の機能目的の理解が薄れ、国の示す自立支援型地域ケア会議こそが地域ケア会議であるという誤解が生じてきたことです。自立支援型地域ケア会議は機能的自立、要介護からの自立に重点を置いて

いるため、どうしても本人の医療面、ADL 面に焦点が置かれ、本人の環境面（家族・友人・地域・社会資源）へのアセスメントが薄くなってきます。実際に本人に会っているのは介護支援専門員だけですし、提出されている情報も介護支援専門員からの情報のみなので、自立支援型地域ケア会議は、要支援・要介護状態からの機能的自立は図れても、その先にある「その人の臨床像（人物像）」の把握や問題の構造化、環境アセスメントが不十分なので、その人らしい生き方の支援や地域課題にはたどり着かずに終わってしまっていました。一方で、自立支援型地域ケア会議は、その特性上要支援・要介護からの卒業には一定の効果を示していました。

　本来、地域ケア会議には五つの機能（(1) 個別課題の解決、(2) 地域包括支援・ネットワークの構築、(3) 地域課題の発見、(4) 地域づくり・資源開発、(5) 政策の形成）があるわけですから、現在おこなわれている自立支援型地域ケア会議のみが地域ケア会議ではないという原点回帰することが重要だと、私は思っています。

　本来の地域ケア会議は、個別支援をしっかりおこない、会議を通じて介護支援専門員が自立支援に資するケアプランが作成できるように支援し、支援のためのネットワークづくりをおこない、地域づくりまで展開させようというものです。決して、上から目線でケアプランチェックをしようという場ではないのです。

　たとえば、介護支援専門員が把握したニーズの中に、「日常的に通える場が欲しいけれど地域にはない」という声があり、それが地域ケア会で拾い上げられ、生活支援コーディネーターや協議体の協力により地域に通いの場が開設され、そこに通い出すことにより、生活機能の改善や引きこもり状態が改善された、といった事例もあります。また、「まだ自分でスーパーまでは歩いて行けるけれど、帰りに重い荷物が運べないので困っている」という高齢者がいた場合、現状では要支援認定を受けてヘルパーに買い物をしてもらうというようなプランを立てがちですが、地域ケア会議で再検討し、買い物ボランティアを組織化し、買い物同行してもらうことにより、本人は要支援認定やヘルパー利用をせずにすみ、

なおかつ歩くことによって介護予防にもつながったといった事例もあります。これらのように個別支援から地域課題につなぐことも重要な要素です。

竹端 本来の機能を意識した地域ケア会議が展開されていれば、十分に地域課題への対応はできていたはずなのに、機能重視の自立支援型地域ケア会議が主流になってしまったので、地域課題への対応がうまくできなかったということですね。

土屋 最近では、自治体においては自立支援型地域ケア会議以外は地域ケア会議とカウントしないとか、年〇〇回自立支援型地域ケア会議を実施するというノルマを与えたりしているところも散見されます。まさに地域ケア会議をおこなうことが目的となり本来の目的が見失われています。併せて、地域ケア会議をやりっぱなしでモニタリングや終結の意識がないというところがほとんどです。

5 「生活困窮自立促進プロセス構築モデル事業」と多機関協働事業

竹端 土屋さんは平成25（2013）年に厚生労働省の「生活困窮自立促進プロセス構築モデル事業」統括委員会に入っていますね。この中から多機関協働事業の原型が生まれたと聞いています。

土屋 「生活困窮自立促進プロセス構築モデル事業」では、いわゆる総合相談、今の事業でいうと、多機関協働事業をどう展開するのかということが議論されていました。そしてモデル事業を展開し、今でいうところの多機関協働事業の核になる中核機関の連携担当者（当時のモデル事業では、相談支援包括化推進員）の配置を試みました。そのモデル事業の評価にも委員として関わってきました。具体的には平成28（2016）年に「多機関の協働による包括的支援体制構築事業（補助率3/4）」、平成29（2017）年に地域力強化推進事業（補助率3/4）がスタートしました。

モデル事業を受託すると市町村持ち出しが3/4で相談支援体制や地域づくりに使えるということで多くの自治体が取り組みましたが、包括的支援体制とは何か、総合相談支援は何かという本質の理解ができていない自治体も多く、評価の段階では補助金がもらえるのでモデル事業を受けたが、実は従前の相談機関に人を配置したり、従前の地域づくりの補助金を増額したりというような、モデル事業の目的と違う利用のされ方が散見されました。

　さらに、この時点では包括的支援体制（断らない相談支援）と地域づくりを一体的に実施する自治体は少なく、どちらか一方に取り組む自治体が多かったです。この点を踏まえて重層的支援体制整備事業では、「断らない相談支援」「参加支援」「地域づくり」を一体的におこなうという条件が生まれたわけです。

　このモデル事業をブラッシュアップしていくなかで、重層的支援事業における、包括的相談支援事業や多機関協働事業やその中における中核機関の構想が生まれていきました。

竹端　厚労省では、平成26（2014）年「相談支援に係る業務実態調査」や、平成28（2016）年「相談支援の質の向上に向けた検討会」等をおこなってきましたが、その段階では相談支援とは何かとか、その中で多機関が連携するということはどういうことなのかということが、行政職はもとより福祉職の中でも言語化、共通理解ができていなかったということでしょうか。

土屋　そうですね。たとえば、2016年の「相談支援の質の向上に向けた検討会」は主に障害分野での相談の質を高めるための検討会だったこともあり、私はいよいよ障害分野でもジャンルを超えた総合相談が検討され始めるのかなという期待を込めて参加したのですが、障害分野での総合相談とは「身体」「知的」「精神」分野での統合で、期待していた内容とは乖離していました。

竹端　その時点で、富士宮市が実施していた総合相談支援が必要であるということを打ち出し、合意形成が取れて立法化できれば、富士宮市のような領域横断的総合相談支援が最初で最後にはならなかったかもしれないですね。

6　法制化と財源確保によって狭間に落ちる人がいる

土屋　平成 25（2013）年におこなわれていた「生活困窮自立促進プロセス構築モデル事業」の統括委員会の中では、生活困窮者の捉え方を経済的困窮に限定せず、広く生活のしづらさをもっている人全般を対象にしようと議論されていました。いわゆる引きこもりの人や制度の狭間に落ちている人を対象にする議論もありましたが、他の法律では対象者が厳密に規定されているなかで、国庫補助の対象者として枠を設ける必要が当然あり、対象者を経済的困窮者としたといういきさつがあったと聞いています。また、生活困窮者自立支援法が成立した背景にも、立法前に生活保護制度の見直しを行った結果、460 億円程度の財源が確保できたことがあると聞いています。

　　対象者を絞り、国庫補助金が担保できたことで、生活困窮者自立支援法は独立立法できたわけですが、かたや重層的支援体制整備事業は国庫補助金の担保ができなかったので、社会福祉法の中の一つの事業として位置づけるしかありませんでした。

竹端　生活困窮者自立支援法がその対象者を経済的困窮とせざるを得なかったことにより、依然制度の狭間の人たちは解消されなかったと。まさに縦割り行政の弊害ともいえます。

土屋　生活困窮者自立支援も重層的支援体制整備も、その所管は厚生労働省の社会援護局になっています。それ以前は安心生活創造事業から一貫して取り組んできたテ　マです。

　　一方で、地域包括ケアシステム構築や地域包括支援センター設置、生

活支援体制整備事業などは厚生労働省の老健局管轄になります。共生社会を目指すためには両局を統合することが必要で、地域共生社会に実現に向けて「地域包括ケアシステムの深化」という表現も使われています。

7　2015 年多機関協働による包括的支援体制整備事業がスタート

竹端　平成 27（2015）年は、富士宮市が会計監査を受けた年でもありつつ、「多機関の協働による包括的支援体制整備事業」もスタートするなど、いろいろなことがあった時期ですね。このあたりの流れと土屋さんのご活躍をお話しいただけますか。

土屋　まず、9 月に国が「新たな時代に対応した福祉の提供ビジョン」を示しました。この中で我が国は地域共生社会の実現を目指すということを謳っています。

　このビジョンはあくまで理念的なものであったので、具体的方策を議論するために、その翌年、「「我が事・丸ごと」地域共生社会実現本部」を設置し各種ワーキンググループが動き出しました。その中の一つ、地域力強化委員会の委員として、1 年間に 10 回ほどの議論に参加することになったのです。

　その過程で、重層的支援体制整備事業のもとになるモデル事業として、「多機関の協働による包括的支援体制構築事業」がスタートしました。重層的支援体制整備事業では、「断らない相談支援」「参加支援」「地域づくり」を一体的に実施することになっていますが、当時このモデル事業では「総合相談」「地域づくり」の両方、または一方を選択して実施できるようになっていました。

　私はこのモデル事業の評価委員会にも参加していたのですが、本来の意味が理解されておらず、多機関連携を意識せずに、単に相談窓口用委員増員の人件費に充てられたり、個別ニーズに応じた地域づくりを意識せず、社協に丸投げし従前の地域づくり財源に充てられたりと、本来の目的には到達していませんでした。しかし、共生社会の実現に向けて動

き出していたのは事実でした。

竹端　この、「我が事・丸ごと」の地域づくりにおいては、ネガティブな受け止めとして「なんでも地域に丸投げするのではないか」という声がありましたよね。

土屋　「我が事・丸ごと」というネーミングが誤解を生じさせた一因かと思います。中には「我が事・丸投げ」と揶揄する人がいたのも事実です。しかし、この意味はいろいろな地域での課題を他人事としてスルーするのではなくて我が事として受け止めよう。そしてジャンルにこだわらず丸ごと受け止めたうえで支援していこうという意味だったと思います。

竹端　この「「我が事・丸ごと」地域共生社会実現本部」の中から「重層的支援体制整備事業」が生まれた経緯をお話しいただけますか。

土屋　「「我が事・丸ごと」地域共生社会実現本部」は、当時の塩崎恭久厚労大臣が本部長となり、いくつかのワーキンググループを配して、地域共生社会実現に向けての具体的な議論を始めました。特に私が委員として参画していた地域力強化検討会においては、のちの重層的支援体制整備事業につながる具体的な議論がおこなわれました。そして平成29年9月に「地域力強化検討会最終とりまとめ～地域共生社会の実現に向けた新しいステージへ～」を公表しました。

　その後、平成30（2018）年に改正社会福祉法が施行され、令和元年7月地域共生社会推進検討会中間とりまとめ、令和3（2021）年4月「重層的支援体制整備事業」のスタートへとつながりました。この事業の特徴としては、①社会福祉法第106条（包括的な支援体制の整備）を実現するための任意事業として位置づけられたこと②法律ごとの縦割りの国庫補助金を計画に基づき重層的支援体制整備交付金として丸めて共生財源をつくり出したこと。③新たな事業として、多機関協働事業、アウトリーチ等を通じた継続的支援事業、参加支援事業等に関する新たな国庫補助

金を確保したこと、が挙げられます。今までの、法律に色づけされて会計検査の呪縛から実施に躊躇していた自治体においては、安心して共生事業に取り組める基盤が用意されたことになります。

竹端　これまで法律や財源の面で制限を受けてきましたが、改正によってどのような影響があったのでしょうか。

土屋　財源の確保については、重層的支援体制整備に準じた交付金、いわゆる共生財源をつくろうというもので、縦割りの高齢・障がい・子ども・困窮のそれぞれの交付金の市町村事業（相談支援と地域づくり）の補助金を一定の割合で案分し重層的支援体制整備交付金として丸めたものを共生財源に活用できるようにしました。このことによって、今まで介護財源の範疇でおこなっていた総合相談は、会計検査的には問題があった部分が、この重層的支援体制整備交付金を利用することによって、会計検査で指摘されることはないという整理がされたことになります。今までの、法律に色づけされて会計検査の呪縛から実施に躊躇していた自治体においては、安心して共生事業に取り組める基盤が用意されたことになります。

　　また、各法律で実施されていた通いの場づくりも、高齢の場合は介護保険施策による居場所、認知症施策による認知症カフェ、社協の実施しているサロン、子どもの場合は子ども食堂、障害は地域活動支援センター等縦割りにつくられていましたが、この財源を活用することにより、共生のための通いの場づくりもおこなえるようになりました。たとえば、高齢者の通いの場に認知症高齢者、若年性認知症、子どもも参加できて、食事の提供が可能になれば、土日等で子どもたちの居場所や食事提供できる子ども食堂も兼ねることが可能になります。人口規模の小さい自治体においては、従前の法律の縦割りごとに通いの場をつくるということは、お金の面でも人材の面でも無理が生じていたので朗報です。

8 2021年に重層的支援体制整備事業がスタート

竹端 重層的支援体制整備事業における課題を教えてください。

土屋 令和元（2019）年に「地域共生社会推進検討会（地域共生社会に向けた包括的支援と多様な参加・協働の推進に関する検討会）」が設置され、その中で重層的支援体制整備事業の中核になる三つの支援（断らない相談支援・参加支援・地域づくり）が示されました。具体的な事業としては、①包括的相談支援事業②地域づくり事業③参加支援事業④アウトリーチ等を通じた継続的支援事業⑤多機関協働事業、の五つが示されました。このうちの①②は従前から実施されていた事業で③④⑤は新たな事業として位置づけられます。これらの事業の中で、肝になる部分は、①包括的相談支援事業と⑤多機関協働事業であり、⑤の多機関協働事業の中に重層的支援会議が含まれています。

　地域共生社会推進検討会においては、これらの事業の枠組みと実施のイメージがあり、具体的方法としてたとえば手引きやガイドラインのようなものも示されてはいますが、その内容は具体性は乏しいものになっています。要するに、市町村の実情に合わせて実施してほしいという意図があるからです。そういった背景があり、現場では多機関協働で事例をアセスメントし、支援チームとして課題と役割分担を合意形成を図りながら継続的支援をおこなう具体的方法論がわからない、実施できないということで困っているのです。

竹端 私も、自治体の担当者から「包括的相談支援や多機関協働をおこなわなくてはいけないと思っているが、何から手をつけていいのかわからない」という声を聴いていて、そこが課題だと思っていました。そういったときに「全方位型アセスメント・全方位型支援」が役に立つと土屋さんはお考えなのですよね。

土屋 基本的には、アセスメントがしっかりとできていないと個別支援プランも立てられないので、その後の展開は望めません。まずは、多機関・多職種連携でしっかりアセスメントができる状況をつくることだと思います。本人の問題点だけではなく、本人を取り巻く環境の問題点もしっかり把握し、本人の思いも尊重しながら関係者がどのようにかかわるかを検討する必要がありますから。まずはその大前提にアセスメントが必要なので、全方位型アセスメントの手法を身につけることを勧めています。

　ただ、いざ多機関連携しようとすると、各機関の調整や意見の集約、合意形成などめんどくさいこともたくさんあります。そこで、富士宮市では地域包括支援センターがスタートした時点で連携が必要となる医療機関や司法機関、各種相談支援事業所等とのネットワーク会議を定期的に実施し、「声を掛けたら協力してね」という関係性をつくっておきました。いわゆる日ごろから顔の見える関係（静のネットワーク）をつくっておき、いざ多機関連携が必要な事例が発生した際には、必要に応じて支援チーム（動のネットワーク）を立ち上げます。この繰り返しで動のネットワークでつながった機関とは信頼関係ができあがってきました。

竹端 特に医師や弁護士等は忙しいし、呼んでもそう簡単には来てくれないイメージがあるのですが、どのように連携していたのでしょうか。

土屋 平成18（2006）年に地域包括支援センターがスタートした当初は、成年後見制度や高齢者虐待対応の権利擁護意識が高まっていたので、弁護士や司法書士等も地域包括支援センターの活動に強く興味をもっていました。そこでまず、権利擁護ネットワーク会議を組織し、弁護士、司法書士の参加を依頼しました。当時は、成年後見制度も始まっていたため、弁護士会や司法書士会は県の組織から派遣してくれました。医師会・歯科医師会は、地域包括支援センター運営協議会のメンバーでしたので、委員派遣には協力的でした。理学療法士協会では、地域ケア会議に積極的に参画することを方針としていましたので、ネットワーク会議等にも

参加してくれていました。その他精神科病院のワーカーや行政機関も参加し定期的にネットワーク会議を開催し事例検討もおこなっていました。そのなかで多機関連携の必要性や役割分担の依頼も自然におこなわれていったのです。

　弁護士等を依頼する際には費用がかかるという話がよく出ます。行政として弁護士相談をする場合には、応分の費用がかかるのですが、ネットワークの仲間ということで電話相談や事例検討参加は手弁当で協力していただいていました。

竹端　全方位型アセスメントをおこなううえでも、医師や司法関係者を巻き込むことにより、効果が出てくるということですよね。

土屋　その通りです。全方位型アセスメントの特徴としては、アセスメントに必要な情報を事例検討参加者がみんなで共有していくところから始めます。その事例の内容を初めて知る参加者もいるので、それぞれの専門性の視点から情報収集するプロセスを通ることで30分程度で、事例当事者や家族の人物像が浮かんできて、現状での問題点（改善すべき状況）が見えてくるわけです。

竹端　専門性の異なる専門職の視点でみんなでアセスメントしていくことに醍醐味があるということですね。

土屋　そこが大事なのです。みんなで話し合っていくうちに、本人の人物像が共有され、なぜ支援を拒否しているのか、なぜ虐待を認められないのか、等々の共通理解ができていきます。このことにより、別のアプローチの仕方が提案されたり、生活歴を尊重したり、無理な介入は避けたほうがいいのではないかといったいろいろな意見が出てきたりします。

9 これまでの歴史を振り返って

竹端 ここまで富士宮市の総合相談の取り組みや、国の施策について語っていただきました。これから重層的支援体制整備事業を進めていくにあたり、土屋さんはどういったことが重要だとお考えですか。

土屋 市町村の中には「社会福祉法が改正されたので市町村として重層的支援体制整備事業を実施しなければならない」「そのために事業の委託先や多機関協働、参加支援、地域づくりの体制を整えなければならない」というようなところも見かけます。実施だけを目的とするのではなく、もう一度なぜ今、重層的支援体制整備をおこなうのかを捉えなおしてみるということが大切だと思います。

　つまり、この事業を展開するなかで支援が必要な人を把握し、継続的に支援をおこない課題が解決されること、制度の狭間に落ちる人を解消すること、誰もが安心して生活できる地域共生社会を構築することが目的であることを関係者皆が共通認識することが必要だと思います。

　重層的支援体制整備事業は、事業計画を策定しスタートしてしまえば、中身が伴わない計画であっても事業実施は宣言できます。しかし、支援を必要としている人たちの課題解決に結びつかなければ意味がありません。そのための中身のある計画が必要です。特に、移行準備事業を活用している自治体においては、実施年度が決まっているので、なんとか形だけでも整えてという自治体も少なくありません。スタート後でもよいので具体的内容のある事業に近づけることは、行政としての責務だと思います。

5章

支援者自身への
全方位型アセスメントの必要性

1 はじめに

たとえば、支援者のあなたは、以下のような利用者の言動をどう思うだろうか。

- 約束を守らない、すっぽかす、話を二転三転させる
- 嘘をつく、言い訳やごまかしの言葉が多い
- 空気が読めず、支援者や家族など、お世話になっている他者の意向を気にしない
- わがままで、他者の言うことに耳を傾けず、自己主張ばかりする
- 「お客様」意識が強く、居丈高で、すぐに「ケアマネを変えるぞ」と脅す

一見すると、とんでもない利用者だし、できればかかわりたくない、と思うかもしれない。読者の中には、上記のような利用者に苦手意識をもったり、イライラしたり、支援経過の中でトラブルを起こしたり、それゆえ自分も傷ついたり、という経験をもっている人もいるかもしれない。そして、「これは相性が悪い／性格の不一致なので、こういう人に当たったら不運だ」とあきらめている人もいるだろう。

だが、本章で問い直したいのは、そのような苦手な相手と接するとき、それは支援者であるあなた自身の「強み (strengths) や問題 (problems)」と関係していないだろうか、という点である。「うまく支援ができない相手」とは、あなた自身の「弱み」やトラウマ、見たくない影や認知枠組み（スキーマ）を反映している可能性はないだろうか？

この点を考えるにあたっては、対象者のアセスメントではなく、支援者のあなた自身のアセスメントをしないと、イライラやむかつき、苦手意識の背景がつかめないのではないだろうか？　つまり、全方位型アセスメントを対象者におこなうだけでなく、自分自身を俯瞰的に振り返る、自らの内在的論理＝唯一無二性に気づく、自分自身への全方位型アセスメントも必要ではないか。これ

が本章のテーマである。

2　中核的感情欲求を捉え直す

　認知行動療法やスキーマ療法を日本に広めた臨床心理士の伊藤絵美によると、子どものころに誰もが満たされたいと感じる中核的感情欲求とは以下のものから構成されている。

> 1、愛してもらいたい、守ってもらいたい、理解してもらいたい。
> 2、有能な人間になりたい、いろいろなことがうまくできるようになりたい。
> 3、自分の感情や思いを自由に表現したい、自分の意思を大切にしたい。
> 4、自由にのびのびと動きたい。楽しく遊びたい。生き生きと楽しみたい。
> 5、自律性のある人間になりたい。ある程度自分をコントロールできるしっかりとした人間になりたい。
>
> （伊藤絵美『つらいと言えない人がマインドフルネスとスキーマ療法をやってみた。』医学書院、146頁）

　そして、これらが満たされないと、以下のようなネガティブな心の状態になる。

> 1、人との関わりが断絶されること
> 2、「できない自分」にしかなれないこと
> 3、他者を優先し、自分を抑えること
> 4、物事を悲観し、自分や他人を追い詰めること
> 5、自分勝手になりすぎること
>
> （同前、146頁）

　この五つは「早期不適応スキーマ」とも言われている。スキーマとは認知枠

組みのようなもので、無自覚に自分自身に浮かんでくる「思考の癖」のような
ものである。みなさんも、このうちのどれかをおもちではないだろうか。私自
身は3を今でも多少もっているし、若いときは2や4にもさいなまれた。大
学生に聞くと、2，3，4をもっている人が多いようだ。あなた自身は、どうだ
ろう？

　そしてこの早期不適応スキーマは、誰しもなんらかの形でもっていて、ふだ
んは無自覚である。だからこそ、他者との関係性の中で、自動的に浮かんでく
る。そして、往々にして、そのスキーマを相手に投影したり、あるいは自分自
身で抱え込んでしまい、「なぜか○○さんとはトラブる」等の形で顕在化して
いる可能性はないだろうか。

　その視点で、私自身を振りかえってみると、学生とのトラブルのことを思い
出す。

3　タケバタヒロシの悪循環

　私は2005年から常勤として大学に勤めているので、教員歴は20年になる。
3・4年生のゼミでは卒業論文を作成するための支援をおこなっていて、毎週
1回以上定期的に会う濃厚な関わりを続けている。過去のゼミ生たちと「うま
くいかなかった事例」として、以下のようなエピソードを思い出す。

- 卒業論文の〆切3カ月前くらいから、音信不通になる
- こちらのアドバイスに従わず、自分流の解釈で勝手に進めようとする
- 卒論が書けないからと、草稿を「白紙」で提出する
- 無断欠席や遅刻、提出物を出さないなど、約束が守れない
- 上記のことを指摘し、その理由を聞いても黙り込んでしまい、話し合
  いにならない

　上記の学生について、以前の私は「言うことを聞かない（だらしない、わがま
まな、信頼できない……）、問題含みでダメな学生」だと、思い込んでいた。そ
して、多くの教員は、同じようなラベルを当該学生に貼っていることも、知っ

ていた。教員や他のゼミ生に迷惑をかけ、反省が見られず、教育や支援のやりがいが感じられない学生である、と。

　だが、中核的感情欲求や早期不適応スキーマという概念を知った私は、気づいてしまった。「迷惑をかける、問題含みの学生」と私がラベルを貼る相手とは、教員である私自身の「虎の尾を踏む」というか、「見たくない影」と直面させる相手なのではないか、と。

　そう考えるようになったのは、7年前に子どもが生まれ、子育てを始めたことに遡る。私は、娘が親の言うことを聞かずに、わちゃわちゃして、ご飯をこぼしたり、部屋をぐちゃぐちゃのままにしたり、裸で走り回っていたとき、思わず「ちゃんとしなさい！」と叱っていた。だが、この「ちゃんとする」というのは一体なんだ？　と落ち着いて考えてみると、実は「親の指示通りに動きなさい」ということであることがわかった。つまり、親の言う通りに忠実に動いてほしい、という私の「支配欲」が見えてきたのである（そのあたりは『家族は他人、じゃあどうする？』現代書館を参照）。

　そして、そこに中核的感情欲求や早期不適応スキーマを当てはめると、いろいろ見えてきたのだ。それは、全方位型アセスメントの領域Aである、私自身の生活歴や主観的な過去のエピソードと重なる。

　私は団塊ジュニア世代で、親は団塊世代である。私の父は昭和の典型的なサラリーマンで、家事は一切しなかった。父は自らの父（私の祖父）を戦争中に亡くし、母子家庭で育ち、小さいころから家事をしてきたので、結婚したら家事を妻に任せたいと思っていた。見合い結婚した母は歯科衛生士だったが、その当時の典型として、結婚したら仕事を辞め、専業主婦になった。そして、父はいつもは夜ご飯の時間に帰ってきたが、営業の仕事ゆえ、長期の出張も多かった。休みの日は母に家事育児を任せ、子どもをたまにドライブに連れていってくれるが、競馬やパチンコをしたり、家でごろ寝してテレビを見ていることも多かった。

　そして、私が3才のとき弟が生まれた。彼はアトピー性皮膚炎がキツかったこともあり、母は弟にかかりきりであった。「ひろしはお兄ちゃんやから」「ひろしはしっかりしているし」と常に言われ、実際私は「ちゃんとしたお兄ちゃん」役割を果たした。近所の幼稚園に入れなかったので、バス停まで送り迎え

をしてもらい、市バスにのって幼稚園に通っていた。小学生になったら広島の親戚の家まで、新大阪から一人で高速バスに乗って出かけた。母親に迷惑をかけない、手のかからない兄役割を必死で果たしていた。そのおかげで、受験勉強もしっかりして、大学入学や博士号取得もでき、大学教員という今の立ち位置にいる。そういう意味では、この「ちゃんとする」は一見すると、私の「強み」に思えるし、私もそう思い込んできた。

だが、「強み」と「弱み」は表裏一体の関係である。私が「ちゃんとする」ことは、「弟にかかりきりになるから、手のかからないお兄ちゃんとして育ってほしい」という母の思い＝他者を優先して自分を抑えること、であった。私は職場や社会生活においては、「自分の感情や思いを自由に表現」できたし、「自分の意思を大切」にできている、と思い込んでいた。まわりからもそう思われてきた。でも、妻に以前から指摘されていたのだが、両親の前では「ちゃんとしたよい子」でいようと無自覚にしていたし、妻にそのことを指摘されるたびに、逆ギレしていた。そして、この逆ギレは、ゼミ生に対しても、出てしまっていた。

私自身は「ちゃんとしたよい子」なので、常に先生の言うことを聞くようにしてきた。お伺いを立てて、そのアドバイスになるべく応えようとしてきた。先生の期待する水準に届くかは別として、期日までにある程度の成果を出そうとしてきた。休むときは連絡したし、約束を守るために、時間厳守で動いてきた。上記ができなかったときには、先生にその理由を伝え、次からはなるべく相手の期待に応えるべく、必死に自分から動いてきた。

だからこそ、私がしてきた努力と同じことができないゼミ生を、簡単に受け入れられなかった。なぜ私にもできる努力ができないのだ？　そんなのズルいじゃないか？　私だって必死に頑張ってきたのに。それくらいできないと社会人として通用しないぞ！　そういう論理で、「ちゃんとしていない、ダメな学生」を責め立てた。

そして、読者は想像がつくと思うのだが、そういう形で私が関与すればするほど、ゼミ生はゼミに来なくなり、音信不通や無断欠席、約束破りを繰り返していく。私は悪循環のドツボにはまっていた。

4　悪循環の循環構造を捉え直す

　私が上記の悪循環から抜けることができたきっかけは、家族療法を学んだ社会学者による以下のフレーズを読んだときだった。

> 　悪循環とは、ある人が自身の置かれている状況を問題のあるものとみなし、これを解決しようとする行動に出るが、この解決行動自体がとうの問題を生み出してしまうというメカニズムを持ち、しかもこれが反復的に繰り返されるものを言う

　（長谷正人『悪循環の現象学』ハーベスト社、1991年、78-79頁）

　私が「ちゃんとしていない、ダメな学生」だと思うゼミ生に話を聞いてみると、実は彼女や彼自身も、「自身の置かれている状況を問題のあるものとみなし」ている＝「ちゃんとしていない」からまずい、と思っているのである。だが、望ましい「解決行動」に踏み出せずに引きこもったり、白紙で提出するなどの対処行動をとってしまい、それらの「行動自体がとうの問題を生み出してしまう」状態に陥ってしまっていた。そして、長谷さんはそのような「解決行動自体がとうの問題を生み出してしまう」ことを指して、「偽解決」と呼んだ。

　この図式を当てはめると、学生自身が問題行動と偽解決の連鎖に陥っているだけでなく、学生に関与する私自身も「偽解決」をして、学生の問題行動を「強化」していたことに気づいてしまった。ゼミ生が約束を守れなかったり、言うことを聞かなかったり、話し合いにならないとき、私はそのゼミ生が「ちゃんとしない」「ダメな学生」とラベルを貼ってしまった。だが、ゼミ生だって「ちゃんとしたい」という思いはあるのだ。それにもかかわらず、ちゃんとできなくなる状況に構造的に追い込まれているのである。その背景や、「ゼミ生なりのできない背景や合理性」を理解することなく、教師の立ち位置から、できて当たり前のことがなぜできないのだと指摘や批判、ときには糾弾めいたことを私はしていた。それが正しい指導だと思い込んでいた。だが、この指導は、上記の事例では大抵逆効果で、ゼミ生がゼミに寄りつかなくなる理由になった。つ

まり、私のゼミ生へのアプローチが、学生がゼミに来なくなる理由にもなる、という意味で、私の指導は「偽解決」だったのである。

　では、どうしたらよいのだろうか？

　長谷さんは論理ではなくコミュニケーションパターンに着目せよ、という。悪循環は、「コミュニケーションのパターンが固定的で、同じことを反復してばかりいる」（96頁）状態である。ゼミ生が問題行動をして、それを私が指導しても、それが問題行動を強化し、ゼミ生がまたゼミに来なくなり……というのは、まさに悪循環の固定化と反復である。そして、そこから逃れるためには、誰が正しいかという善悪は横に置き、コミュニケーションパターンを変えられる人が変えたほうがいいのである。ゼミ生が悪循環に陥り、それを教員が強化しているのなら、当人である私のコミュニケーションパターンを変えればいいのだ。

　……ということは、頭ではわかる。だが、「悪いのは学生なのに、なんで学生ではなく、悪くない私がアプローチを変えなければならないのだ！　そんなの学生の甘やかしではないか？」と思っていた私がいた。しかし、これこそ、私の中核的感情欲求や早期不適応スキーマにかかわる問題そのものである。学生の悪循環をそのものとして理解できず、許せない・ダメだ・おかしい……と評価や査定、怒りが先にくるのはなぜか。それを直視することは、私が満たされない・抑圧してきた・見ないようにしてきた感情の歪みを直視することになる。だからそこを避けるために、原因を相手に押しつける他責化を私がしていたのではないか。

　この点を掘り下げるためには、他者の他者性、および己の唯一無二性への気づきが重要になる。

5　他者の他者性の理解

　他者には自分が理解し得ない他者性があり、その他者性の中に、私が想像し得ない、本人なりの内的合理性がある。これと裏表の関係として、私にも他者が理解し得ない己の唯一無二性があり、他人には理解しにくいかもしれないけれど、そこには私なりの内的合理性がある。

たとえば、小学校２年生の私の娘は、幼稚園の年長あたりから一人で暗がりにいくことを「怖い！」と言い始めた。以前なら一人で歯磨きやトイレができていたのに、最近ではトイレの扉を開けっぱなしにしたり、歯磨きをしに行く際には親の同伴を求める。「お父さんもお母さんも近くにおるよ！」と伝えても、彼女の体感的な「怖さ」は消えない。これは、まさに私の想像の及ばない、娘なりの「他者の他者性」があり、彼女なりの内的合理性があるがゆえに、毎日・毎回繰り返すのである。それは、頭でわかっていても、親である私自身の合理性とは大きくかけ離れているので、なかなか納得ができない。だからこそ、こちらが家事で忙しいとき、お酒を飲んでまったりしているときに、トイレや歯磨きに一緒に行こうと誘われると、ゲンナリしたり、イラッとしてしまったりすることもある。

　これは、ゼミ生との関係においても、同じように考えることができる。

　無断欠席や約束を破る、こちらの指示を聞かない……などの「ちゃんとしていない」「ダメ」、と私がラベルを貼りたくなるゼミ生にも、そうせざるを得ない「他者の他者性」があるのだ。「朝起きられなくてゼミに来られない」という現象を、早寝早起きが習慣である私の合理性で解釈すると、自己管理ができていないと糾弾したくなる。でも、本人なりの合理性を伺っていくうちに、昼夜逆転したり、夜眠れないなど、「朝起きられな」いなど、そういう事情なら朝は起きられないよね、とか、化粧して外行きの格好をしてゼミに来るにはエネルギーがあまりにもかかりすぎるよね、という「他者の他者性」が想像できるようになる。

　そのようなゼミ生の合理性を、私は本当に理解しようと努力してきただろうか。先生の指示に従わない、約束を破るなどの外形的な基準や規範、あるいは「自分はちゃんとしてきたのに」という己の中核的感情欲求や早期不適応スキーマに引きずられ、私はゼミ生たちの「他者の他者性」を理解しようとしていなかったのではないか。私は自分自身に、そう問い返してみたのである。

　その際、許せない言動をするゼミ生の「本人なりの合理性」を、まず私自身が理解する必要がある。そして、理解しようと思うなら、ゼミ生を糾弾するのではなく、教わる必要がある。「なぜそのようなことをするのだ！（Why）」と怒るのではなく、「そのような現状に至ったのは、どのような事情や背景があ

るのか、よかったら教えてくれませんか？（How）」とおたずねする必要があるのだ。

　ここで、己の中核的感情欲求や早期不適応スキーマが邪魔する可能性がある。「私は悪くないのに、なぜ怒ってはだめなのか？　相手にへりくだらなければならないのか？」と。でも、怒る・批判するという査定や判断をする前に、求められているのは、相手の話を聞き、観察し、その人の内的合理性を理解することだ。その理解の回路もなく怒ったり批判することで、相手と上手くコミュニケーションがとれず、悪循環にはまり込んできたのである。だからこそ、必要なのは悪循環にはまり込んでいる相手にかかわる私が、コミュニケーションパターンを変え、他者の合理性を知ろうと歩み寄ることなのだ。

　そして、「他者の他者性」を理解することは、全方位型アセスメントでいう領域Aをそのものとして理解するプロセスなのである。

6　悪循環から逃れるために

　私が上記のことに気づき、ゼミ生の「他者の他者性」を理解しようと、先入観やジャッジをせずにゼミ生の話を聞き続けてみた。すると、ゼミ生の切実な内的合理性が浮かんできた。

　　　〈卒業論文の〆切3カ月前くらいから、音信不通になる〉
　　　→教員に何を言っても「正論」で言い負かされるし、口下手で反論でき
　　　　ないし、先生の言うことも理解できるけど、そんなに簡単に自分から
　　　　アクションできないから、連絡を取るのが怖くなった。
　　　〈こちらのアドバイスに従わず、自分流の解釈で勝手に進めようとする〉
　　　→先生の説明が早すぎて＆難しすぎて理解できなくて、でも何度も聞き
　　　　返すと先生に迷惑をかけるし、他のゼミ生にも聞けないので、自分が
　　　　理解できる範囲で必死に対応しようとした。
　　　〈卒論が書けないからと、草稿を「白紙」で提出する〉
　　　→先生の求めているレベルの内容に他のゼミ生は到達しているのに、自
　　　　分は到底到達できないし、自分も納得いかない。でも中途半端な内容

を出すのは嫌なので、白紙で出すしかないと追い詰められた。

〈無断欠席や遅刻、提出物を出さないなど、約束が守れない〉

→家族の不和や経済的な余裕のなさ、ストーカー被害にあう、など様々な理由で、以前の自分ならできたことができなくなり、取り繕う余裕もなく、約束を破るとわかっていても、そうせざるを得なかった。

〈上記のことを指摘し、その理由を聞いても黙り込んでしまい、話し合いにならない〉

→上記のような事情を先生に伝えたいけど、何から言ってよいかわからないし、伝えた後に「そんなことを言うのは甘えだ」と言われたら傷つくから、また自分でも「甘え」だと思っているから言い訳したくもないし、何も言えない。

　この「他者の他者性」＝他者の内的合理性を読まれたあなたはどう思うだろうか。「そういう理由があるなら、ちゃんとできないのも仕方ないな」と思う人もいれば、「そうはいっても、私だって必死になって・歯を食いしばって頑張っているのだから、それくらいちゃんとしないと」と思う人もいるかもしれない。その評価は人それぞれだろう。しかし大切なのは、これほどクリアに「他者の他者性」の理解を、「問題行動」や「困難事例」とラベルが貼られた当事者にあなたはできているだろうか、ということである。少なくとも私は、以前はできていなかった。そして、そのような相手の「他者の他者性」を理解すると、私のアプローチは変わってきた。少なくとも、叱ったり糾弾するのは無意味だと、腑に落ちて理解できたのだ。

　私がゼミ生とかかわるとき、よりよい卒論を書いて、無事に卒業してほしいという最大目標をもっている。そして、私にとって、「問題行動」や「困難事例」に感じられるゼミ生とは、よりよい卒論に結びつくと私が考える指導に従わない、従えないゼミ生である。しかし従えないのは、単に自堕落だとかダメな奴ではなく、従えないような「他者の他者性」があり、それは本人のそれまでの人生のプロセスで遭遇した「内的合理性」が蓄積されたがゆえに、そうなってしまったのだ。

　すると、私に求められるのは、以下のことになる。

① 標準的なゼミ指導に従えないゼミ生には、どのような「他者の他者性」があり、その背景にゼミ生のいかなる「内的合理性」やプロセスがあるのかを本人から教わって理解する。

②この「内的合理性」を理解する際に、「甘えている」「ズルい」と相手を批判や査定をしたくなっても、それは己の中核的感情欲求や早期不適応スキーマの問題である（＝相手の合理性の理解の邪魔になる）と思い、一旦は脇に置き、ただただ相手の話を聴き続ける。

③相手の「内的合理性」を理解したうえで、自分が理解したことを相手に伝え、その理解で合っているか、を相手に確認する。

④そのうえで、とりあえず解決したい目標（卒論を書く）を共有できるかどうかを確認する。それが共有できたなら、その前提条件や「合理性」の範囲内で、まずはやってみることが可能そうなこと、できそうなこと、をゼミ生と一緒に探る。

⑤教員の私が考える「とりあえず解決したい目標」（＝全方位型アセスメントの領域C）を相手と共有できない場合、相手がとりあえずどうしたいか（領域D）について伺い、それに対しこちらができることとの整合性をお互いに確かめ合う。

⑥そのうえで、スモールステップを踏んでできることを模索し、小さな成功事例を積み重ねるなかで、悪循環から共に逃れるための、教員—学生のチームを形成する。

このプロセスに踏み出すための最大のハードルが、私が問題だと思うこと（領域B）を一旦脇に置いて、相手の合理性（領域A）を理解することである。そして、それを理解する際の最大の障壁が、己の中核的感情欲求や早期不適応スキーマなのである。

7　私が楽になるための自己アセスメント

私は上記のプロセスを経て、自分が楽になった。それはなぜか？　これまで

は自分のやり方が正しいと思い、かかわってもよい変化を生み出せなかった学生との付き合いは、正直に言うと、徒労感がひどかった。でも、それは私のアプローチが間違っていることに気づいた。また、相手を「甘えている」「ズルい」と思うとき、それは私の満たされない中核的感情欲求や、それゆえ生じる早期不適応スキーマが反応している、と認めることができるようになった。

　一旦それができるようになると、無理して・力んで何かする必要がなくなってきたのだ。私はうまく自分の指導ができない学生に対して、今から振り返ってみると愚かで醜い、思い出すのも嫌な言動をしてきた。でも、そうせざるを得なかった・でもなかなか言いにくい、私自身の内的合理性や唯一無二性（＝竹端自身の早期不適応スキーマに基づく抑圧）があったのだ。それを、そのものとして認めることができれば、相手に共感はできなくても、理解することができるのである。

　そのための補助線として、障害者文化論が専門の荒井裕樹がいう、「苦しみ」と「苦しいこと」の違いを参照しておこう。

　　　前者は、「苦しみ」の内実をある程度自分で把握しており、言語表現であれ非言語表現であれ、それを誰かに伝えたいという表現への欲求が強いように思われます。対して後者は、「苦しみ」の内実が本人にも把握しきれず、また詳細に表現することもできないけれど、何よりもまず、苦しんでいる自分の存在を受け止めてもらいたいという関係性への欲求が強いように思われます。

　　　　　　　　　　（荒井裕樹『生きていく絵』ちくま文庫、2023 年、135 頁）

ゼミ生が「苦しみ」として言語化できているものであれば、私も理解しやすい。でも、先に書いたゼミ生の「内的合理性」は、どう表現してよいかわからない「苦しいこと」だったのだ。だから、無断欠席や遅刻、白紙提出などの逸脱した、不適切に見える形でしか表現できなかったのである。その「苦しいこと」の表現を前に、単純に批判や糾弾をせず、相手の「合理性」を理解することを試みると、「苦しいこと」が「苦しみ」として見えてくるのだ。そして、それが見えたら理解可能になるのである。「そういう状況なら、そうせざるを

得なかったのも、理由がわかるな」と。

そのような、相手の「苦しいこと」の背景にある「内的合理性」を理解することができると、一見すると反社会的、あるいは逸脱に見える言動が、「苦しみ」として理解できるようになりはじめる。それが、全方位型アセスメントでいう領域Aの理解である。そして、その他者の領域Aを理解できるようになるためには、自分自身の領域Aにおける内的合理性＝唯一無二性を私自身が理解できるようになっていなければならない。なぜなら、自分自身の抑圧から目を背けていれば、他者の人生のプロセスにおける抑圧をも認められないからである。自分の唯一無二性を、とくに抑圧してきた黒々とした部分を、そのものとして認め、承認する必要するのは楽ではないし、痛みを伴う。だが、そうやって自分自身の内的合理性を理解することは、苦手な他者に黒々とした思いを抱かずにすむきっかけにもなるし、それは自分を楽にする自己アセスメントなのだ。

8 他人を知る前に己を知る

さて、この原稿を読んでいる読者の中で、ソーシャルワークの知識をもつ人なら、これまでの原稿を読んでいて、「それってバイステックが言っていることと同じでは？」と思う人もいるだろう。そこで、改めて社会福祉の教科書に出てくるバイステックの7原則に立ち戻って考えてみよう。

●バイステックの7原則
1．クライエントを個人として捉える
2．クライエントの感情表現を大切にする
3．援助者は自分の感情を自覚して吟味する
4．受け止める
5．クライエントを一方的に非難しない
6．クライエントの自己決定を促して尊重する
7．秘密を保持して信頼感を醸成する
（F・P　バイステック『ケースワークの原則【新訳改訂版】』誠信書房、2006年）

1については、一人ひとりのクライエントを標準化せず、それぞれの訴えを、似たような障害や病気、経済状態であっても、違う個人として受け止める、ということである。6や7については、本人の自己決定を重視したうえで、相談において聞いた話を安易にペラペラ他者にしゃべらない、ということである。

　そして、これ以外の2〜5については、支援者が対象者にどのような心持ちで接するか、という支援者の内面について書かれている。対象者がしんどい感情を支援者にぶつけてきたとき、あるいは勝手に見える言動をしてきたとき、「それは甘えている」「わがままだ」「身勝手だ」と憤る・腹が立つ・むかつく私がいないだろうか。この際、相手の感情表現を大事にしつつ、己の感情をも自覚して吟味できるか、が問われているのに、気づけば相手の感情の渦の中に巻き込まれ、自分自身も感情的に揺さぶられてはいないだろうか。すると、相手を冷静に受容するなんて無理だし、「困った人」「とんでもない人」「思い通りにならない人」と一方的に批判してしまいかねない。そして、そういう相手が、気がつけば「困難事例」としてあなたの目の前に現れるのだ。

　だからこそ、改めて思い出してほしい。相手の「強み (strengths) や問題 (problems)」を理解するプロセスにおいては、まずあなた自身の「強み (strengths) や問題 (problems)」を理解するプロセスに蓋をしてはならないのだ。そして、バイステックの7原則が吹き飛びそうになる、あなたが苦しくなる対象者を前にしたとき、問われるのはあなた自身の「強み (strengths) や問題 (problems)」なのである。それは、まさに他人を知る前に己を知るプロセスなのである。

　もちろん、そういう「困難事例」をあなたが一人で抱え込んではならない。できれば多職種協働のチームの中で解決すべきだし、一人で向き合わねばならない事例なら、多くの人にサポートを求めるほうがよい。でも、あなた自身が、自らのアセスメントをしっかりできていると、チーム支援におけるあなたの立ち位置は、大きく変わるはずである。

　あなたは、自分自身の、抑圧した・黒々とした部分も含めた「内的合理性＝己の唯一無二性」と誠実に向き合えていますか？

おわりに

支援者の社会的孤立を超えて

　筆者（竹端）はここ数年、研修で呼ばれた全国各地の現場で「アセスメントに関するモヤモヤ対話」をおこなっている。私が一方的に講演や解説をするのではなく、「困難事例」や「問題行動」に関して、自分がどのような価値観を抱いてアセスメントをしてきたのかを考え直してもらい、小グループでモヤモヤと対話してもらうのだ。すると「じっくり話を聴けばいいのはわかるけど、ついつい時間がなくて件数をこなさねばならず……」「他機関に迷惑をかけてはいけないと抱え込んでしまい、でもうまく解決する術もなくて……」「対象者に巻き込まれて疲弊している……」といったつぶやきが聞こえてくる。

　これらの声を聞きながら思うのだ。社会的孤立はひきこもりやうつの当事者だけの問題ではない。実は社会的に孤立している支援者も多いのだな、と。支援という業務に従事している人は、真面目で、責任感が強く、他者に優しくありたい、という善意がベースの人が多い。それは非常に結構なことなのだが、自分の理解や解釈フレームの中に適合できないような「問題行動」や「困難事例」に対して、お手上げ状態になったり、抱え込んだり、巻き込まれたり……という実情も少なくないのかもしれない。

　前著『「困難事例」を解きほぐす』は、専門書が売れない時代にたくさんの方に手に取っていただき、３度も版を重ねることができた。そのおかげで、本書『多機関協働がうごき出す』の出版にこぎ着けた。反響の大きさの背景には、困難事例を一人で抱え込んで、にっちもさっちもいかない現場支援者の孤独があることも見えてきた。そこで、本書では、支援者が一人で抱え込まず、全方位型アセスメントを多機関協働のチームでやることによって、支援現場の閉塞状況を脱することができる、ということをお伝えするつもりでつくり上げてきた。支援現場での「モヤモヤ」を愚痴や悪口に終始させず、対象者の主観的ニー

ズな内的合理性（＝領域Aの理解）を多様な専門性や立ち位置から捉え直すことによって、「ではどうしたらよいか？」の支援可能性が見えてくるのである。そして、そのような全方位型アセスメントは、支援者を社会的孤立状態から救い出し、よりよい支援に向けた支援者へのエンパワーメントにつながると筆者たちは確信している。

住民自治を目指して

そのうえで、多機関協働がうごき出し、対象者の主体性を取り戻す支援を展開することが、ひいては住民自治につながるような支援になってほしい。筆者はそう願っている。

「え、私は現場の一支援者だよ！　住民自治なんて、遠い話では？」

そんな声も聞こえてきそうだ。でも、全方位型アセスメントを重層的支援に結びつけたときに、目指すのは間違いなく「住民自治」の方向性である。それは一体、どういうことか？

そもそも、支援が必要な人、しかも単純な支援では不十分で複合多領域に問題を抱えている人を支援することは、昔なら、家族や親戚の中で、あるいは隣近所も巻き込んで、不十分なりにもされてきた部分もあった。だが、ご承知のようにそれは昭和の時代の遺物である。2025年は昭和が終わって36年目にあたり、昭和100年でもある。この36年間で、家族力や地域力と言われるものが見事に崩壊したことにより、様々な社会問題が一気に顕在化した。それにより、家族や地域で支えられない現象が、「複合多問題」として支援者に押し寄せてくることになった。

これは裏を返せば、主体性を発揮できず、家族や地域の中でも社会的に孤立している人が爆発的に増えてきたということでもある。しかも、旧来の町内会や自治会、PTA、民生委員に代表されるような「昭和型自治組織」も加入率やなり手が不足し、限界を迎えている。地域の中の支え合いも、旧来の形ではなんともしがたい状況になっているのである。

だからこそ、全方位型アセスメントを、支援者の私自身にすること（5章）だけでなく、実は自分が住む・かかわる地域にもする必要があるのだ。この地

域がもっていた文化や文脈、歴史の内的合理性を理解したうえで、限界集落や空洞化、新住民と旧住民の対立……などの客観的に見える「問題」と掛け合わせたうえで、20年、30年後にこの地域に住んでいてよかったと主観的に思えるような地域づくりをどう展開していくのかを、全方位型アセスメントの領域A～Dで言語化し、地域住民同士で共有していく必要がある。それこそが、住民主体の地域づくり・まちづくりであり、住民自治なのである。

　個々人の困りごとの解決からの参加支援、地域づくりをおこなう重層的支援体制整備事業は、コミュニティソーシャルワークの王道である。ただ、その先に何があるかといえば、住民主体や住民自治というコミュニティワークが大切にしてきた価値基盤がある。重層的支援や全方位型アセスメントは、あくまでも住民主体や住民自治を達成するための、方法論にしか過ぎない。そして、その方法論が自己目的化したとき、それは容易に専門職支配に陥ってしまう。

　支援者がそのことにどれだけ自覚的であるか。多機関協働をほんまもんの意味で動かしていくために、改めてこの点を強調しておきたい。もちろん、自戒を込めて。

2025 年 1 月　竹端　寛

＊本書の竹端執筆章は JSPS 科研費 JP23K01937 の助成を受けたものです。

❖伊藤健次　（いとう・けんじ）

1974 年東京都生まれ。日本社会事業大学卒業後、介護福祉士・社会福祉士として特別養護老人ホーム勤務、日本社会事業大学専門職大学院（福祉マネジメント修士（専門職））を経て、山梨県立大学人間福祉学部にて福祉専門職の養成教育に従事、2024 年から同大教授。
事例を用いたグループスーパービジョンと地域ケア会議における個別事例検討、個別スーパービジョン、アセスメント研修に特に力を入れており、福祉専門職のサポートや資格取得後の継続教育支援をライフワークとしている。

❖土屋幸己　（つちや・ゆきみ）

一般社団法人コミュニティーネットハピネス代表理事。
特別養護老人ホーム、療育等支援事業コーディネーター、富士宮市社会福祉協議会事務局次長等を経て、2006 年に静岡県富士宮市福祉総合相談課長（兼）地域包括支援センター長。2015〜2018年公益社団法人さわやか福祉財団。2017年に一般社団法人コミュニティーネットハピネスを立ち上げ代表理事に就任。
厚生労働省「安心生活創造事業推進委員会委員」2011〜2012「生活困窮自立促進プロセス構築モデル事業」統括委員会委員 2013、「地域における住民主体の課題解決力強化・相談支援体制の在り方に関する検討会（地域力強化検討会）」2016、日本社会福祉会地域包括ケア推進委員会委員、生活困窮者支援委員会委員ほかを歴任。
市町の福祉アドバイザーをはじめ、ソーシャルワークの基本であるアセスメント研修をはじめとする各種研修や、全国各地で共生社会の実現に向け温かい地域づくりを推進している。

❖竹端　寛　（たけばた・ひろし）

兵庫県立大学環境人間学部教授。専門は福祉社会学、社会福祉学。主著に『「当たり前」をひっくり返す：バザーリア・ニィリエ・フレイレが奏でた「革命」』（現代書館）、『ケアしケアされ、生きていく』（ちくまプリマー新書）など。

多機関協働がうごき出す
──全方位型アセスメントを使った困難事例の解きほぐし方

2025 年 1 月 30 日　第 1 版第 1 刷発行

著　者	伊　藤　健　次
	土　屋　幸　己
	竹　端　　　寛
発 行 者	菊　地　泰　博
編集・組版	向　山　　夏　奈
印 刷 所	平　河　工　業　社　(本文)
	東　光　印　刷　所　(カバー)
製 本 所	鶴　亀　　製　　本
装　幀	北　田　雄　一　郎

〒 102-0072　東京都千代田区飯田橋3-2-5
電話 03(3221)1321　FAX03(3262)5906
振替 00120-3-83725　http://www.gendaishokan.co.jp/

校正協力・高梨恵一
© 2025 ITO Kenji / TSUCHIYA Yukimi / TAKEBATA Hiroshi　ISBN978-4-7684-3606-6
定価はカバーに表示してあります。乱丁・落丁本はおとりかえいたします。

（定価は二〇二五年一月一日現在のものです。）